CUSTOMIZAÇÃO CURRICULAR
no ENSINO MÉDIO
elementos para uma crítica pedagógica

EDITORA AFILIADA

Coordenador do Conselho Editorial de Educação
Marcos Cezar de Freitas

Conselho Editorial de Educação
José Cerchi Fusari
Marcos Antonio Lorieri
Marli André
Pedro Goergen
Terezinha Azerêdo Rios
Valdemar Sguissardi
Vitor Henrique Paro

Dados Internacionais de Catalogação na Publicação (CIP)
(Câmara Brasileira do Livro, SP, Brasil)

Silva, Roberto Rafael Dias da
    Customização curricular no ensino médio : elementos para uma crítica pedagógica / Roberto Rafael Dias da Silva. — 1. ed. — São Paulo : Cortez, 2019.

    Bibliografia
    ISBN 978-85-249-2740-9

    1. Currículos - Avaliação 2. Educação - Brasil 3. Ensino médio 4. Pedagogia crítica 5. Políticas educacionais 6. Prática de ensino 7. Professores - Formação profissionais I. Título.

19-28074   CDD-379

Índices para catálogo sistemático:
1. Currículos : Política educacional   379

Maria Alice Ferreira - Bibliotecária - CRB-8/7964

Roberto Rafael Dias da Silva

CUSTOMIZAÇÃO CURRICULAR no ENSINO MÉDIO
elementos para uma crítica pedagógica

São Paulo - SP

2019

CUSTOMIZAÇÃO CURRICULAR NO ENSINO MÉDIO: elementos para uma
crítica pedagógica
Roberto Rafael Dias da Silva

Capa: de Sign Arte Visual
Preparação de originais: Jaci Dantas
Revisão: Maria de Lourdes de Almeida
Diagramação: Linea Editora
Coordenação editorial: Danilo A. Q. Morales

Nenhuma parte desta obra pode ser reproduzida ou duplicada
sem autorização expressa do autor e do editor.

© 2019 by Roberto Rafael Dias da Silva

Direitos para esta edição
CORTEZ EDITORA
R. Monte Alegre, 1074 — Perdizes
05014-001 — São Paulo-SP
Tel.: +55 11 3864 0111 / 3611 9616
cortez@cortezeditora.com.br
www.cortezeditora.com.br

Impresso no Brasil — setembro de 2019

À Lívia,
pelas possibilidades de amar o mundo que tem me proporcionado.

*Mas não devemos ignorar as mutações subjetivas
provocadas pelo neoliberalismo que operam no âmbito
do egoísmo social, da negação da solidariedade e da
redistribuição e que podem desembocar em movimentos
reacionários e até neofascistas* (Dardot; Laval, 2016, p. 9).

*O triunfo do neoliberalismo e sua crise mudaram os termos
da vida econômica e política, mas também operaram uma
transformação social e antropológica, fabricando novas
figuras de subjetividade* (Hardt; Negri, 2014, p. 21).

Sumário

Escolarização juvenil e customização curricular:
por uma introdução 11

1. Especificidades da emergência da Contemporaneidade
   Pedagógica no Brasil: apontamentos para uma história
   do currículo escolar 23

2. Um breve exame das políticas curriculares para o
   Ensino Médio na América Latina 41

3. Currículo e conhecimento escolar na sociedade das
   capacitações: o Ensino Médio em perspectiva 65

4. Investir, inovar e empreender: uma nova gramática
   curricular para o Ensino Médio brasileiro? 87

5. Estetização Pedagógica, Aprendizagens Ativas e Práticas
   Curriculares no Brasil 107

6. Emocionalização, algoritmização e personalização dos
   itinerários formativos: como operam os dispositivos de
   customização curricular? 129

Referências 155

Escolarização juvenil e customização curricular: por uma introdução

Para iniciar a composição de nossos argumentos nesta obra, gostaríamos de produzir algumas aproximações analíticas e problematizar duas figuras midiáticas do contemporâneo e os modos pelos quais podem nos auxiliar a produzir reflexões acerca das políticas curriculares para o Ensino Médio. Ao justapor a campanha publicitária do "Novo Ensino Médio" brasileiro e o escopo temático do seriado televisivo "3%", que melhor descreveremos a seguir, enquanto cenas para pensar o contemporâneo, nosso interesse passa por dimensioná-las no âmbito da emergência de uma "sociedade de rendimento" (Han, 2012). Em tais condições, os jovens brasileiros são provocados a reposicionarem suas condições existenciais nos termos de um "imperativo do rendimento, [entendido] como novo mandato da sociedade do trabalho tardo-moderna" (Han, 2012, p. 29).

A campanha publicitária do "Novo Ensino Médio", divulgada pelo governo brasileiro desde o mês de novembro do último ano, traz como slogan "Agora sou eu quem decido o meu futuro!". No vídeo idealizado para a campanha, um conjunto variado de estudantes apresenta seus interesses profissionais e justificam que, de agora em diante, os próprios estudantes comporão seus percursos formativos, de acordo com suas necessidades, seus interesses e "vocações profissionais". Com as visibilidades explicitadas no material publicitário, constatamos que os estudantes brasileiros são interpelados a, individualmente, construírem seu futuro. Ao operar no plano da individualização, a referida política curricular intensifica a pressão por rendimento e, paradoxalmente, impõe aos jovens contemporâneos a obrigação de gerir sua própria liberdade. Longe de constituir uma estratégia de protagonismo juvenil, posiciona os estudantes enquanto "vítimas e verdugos" (Han, 2012) de suas próprias escolhas, ampliando as desigualdades e engendrando novas relações de auto-exploração.

Figura 1. Campanha publicitária do Novo Ensino Médio.

Relacionamos a cena descrita acima com um novo seriado destinado aos jovens brasileiros. Estreou no dia 25 de novembro de 2017 a primeira série brasileira, disponibilizada pelo serviço de streaming *Netflix*, intitulada "3%". O seriado é ambientado no Brasil, em contexto futurista, no qual a sociedade está dividida em duas partes: Maralto e Continente. Enquanto em Maralto existe a promessa de uma vida melhor, no Continente estão todos os demais habitantes, lançados à própria sorte. Em uma mistura de drama e ficção científica, os jovens que completam vinte anos têm a oportunidade de migrar para Maralto, após a participação em um intenso processo seletivo, do qual apenas 3% conseguem avançar.

No episódio de abertura do seriado, Ezequiel, personagem que coordena a seleção dos candidatos, dirige-se a multidão de candidatos com o seguinte discurso de boas-vindas: *"Três por cento*. Apenas três por cento de vocês serão *um seleto grupo de heróis* a caminho do Maralto, onde o casal fundador criou o mais perfeito dos mundos, onde ninguém é injustiçado, *todos têm a mesma chance* e, depois, *o lugar que merecem* — o Maralto ou o Continente. Ou, como vocês costumam falar, o lado de lá ou o lado de cá. Esse processo garante que *só os melhores desfrutem do Maralto.* Agora nem todos entendem isso e o ressentimento tem feito surgir grupos que, em nome de uma *falsa e hipócrita igualdade* e com ideais populistas, buscam destruir tudo o que conquistamos. Mas não conseguiram e não conseguirão. Enfim, *bem-vindos a todos!".*

Que conexões podemos estabelecer entre a campanha publicitária do "Novo Ensino Médio" e o seriado "3%", recentemente divulgados no contexto brasileiro? Nossa hipótese, a qual colocamos em discussão neste texto, supõe que ambas as cenas analisadas inscrevem-se nas condições de fabricação de um "sujeito de rendimento" (Han, 2012). Ao partir do pressuposto político da igualdade de oportunidades, as cenas analisadas potencializam a meritocracia e a individualização, posicionadas em justaposição aos "esforços exacerbados pela maximização dos rendimentos" (Han, 2012). Essas condições políticas associam-se ao diagnóstico proposto, recentemente, por Bauman (2016) no qual, em uma sociedade de consumidores, "o mundo não se manifesta para nós como objeto de nossa responsabilidade" (p. 32). As hodiernas políticas curriculares destinadas à escolarização juvenil parecem caminhar nesta direção, engendrando o que nomearemos ao longo dos próximos capítulos como "dispositivos de customização curricular".

Para compreender os modos pelos quais os referidos dispositivos emergem e consolidam-se nas políticas de escolarização juvenil, precisamos posicioná-los, analiticamente, a partir da instauração do neoliberalismo e de suas formas biopolíticas. De acordo com Dardot e Laval (2017), em elaboração recente, um ponto de partida para este diagnóstico seria reconhecer que "o capitalismo continua a desenvolver sua lógica implacável, mesmo demonstrando dia após dia uma temível incapacidade de dar a mínima solução às crises e aos desastres que ele próprio engendra" (p. 11). Desde meados da década de 1990, o neoliberalismo foi promovido por determinados atores públicos e privados difundindo a lógica da concorrência generalizada.

O sistema de normas derivado do neoliberalismo, mais que engendrar uma concepção econômica e um tipo de intervenção estatal, passou a operar a nível individual, tomando as condutas dos sujeitos como alvo privilegiado. Como explicam os sociólogos franceses, estaríamos diante de um "cosmocapitalismo".

> Estamos na época do cosmocapitalismo, no qual, muito além da esfera do trabalho, as instituições, as atividades, os tempos de vida são submetidos a uma lógica normativa geral que os remodela e reorienta conforme os ritmos e objetivos da acumulação do capital. É esse sistema de normas que hoje alimenta a guerra econômica generalizada, que sustenta o poder da finança de mercado, que gera as desigualdades crescentes e a vulnerabilidade social da maioria, e acelera nossa saída da democracia (Dardot; Laval, 2017, p. 12).

No que tange ao declínio da democracia evidenciada no neoliberalismo, a filósofa Wendy Brown sinaliza que, "havendo transcorrido trinta anos, a democracia ocidental se tornaria sombria, fantasmagórica e seu futuro seria cada vez mais esquivo e improvável" (2016, p. 5). Conforme a abordagem apresentada pela filósofa, o neoliberalismo satura os próprios significados da democracia e, gradativamente, tem atacado "os princípios, as práticas, as culturas, os sujeitos e as instituições da democracia entendida como governo do povo" (p. 5). Através de determinadas racionalidades políticas, de caráter normativo, o neoliberalismo atinge e transforma os variados campos da vida humana, de acordo com "uma imagem específica do econômico" (p. 6).

Explica-nos Brown (2016), de forma perspicaz, que o sujeito econômico (*homo economicus*) atualmente fabricado trata-se de "um fragmento de capital humano intensamente construído e regido para a tarefa de melhorar seu posicionamento competitivo e fazer uso dele, assim como de melhorar seu valor de portfólio (monetário e não-monetário) em todas as suas iniciativas e lugares" (Brown, 2016, p. 6). Retomando a perspectiva foucaultiana, desenvolvida no curso "Nascimento da Biopolítica" (Foucault, 2008), tanto Brown quanto Dardot e Laval posicionam o neoliberalismo como um modo de vida. Para ampliar essa questão, consideramos importante buscar uma aproximação aos desdobramentos desse diagnóstico no âmbito das subjetividades.

Safatle (2008) encaminha sua interpretação partindo da transição de uma sociedade de produção para uma sociedade de consumo. Em seu prisma, a sociedade de produtores tornou-se possível a partir de um processo de internalização da ética protestante do trabalho, tal como descrita por Max Weber. O trabalho, sob essa configuração, era marcado por atitudes de disciplina, resignação e acumulação. Aliás, explica o autor, "o trabalho que marcava o capitalismo como sociedade de produção era uma atividade que não visava exatamente o gozo do serviço dos bens, mas a acumulação obsessiva" (Safatle, 2008, p. 120).

Com as mudanças do capitalismo no final do século XX e o deslocamento da produção para o consumo, parece emergir no plano subjetivo uma "ética do direito ao gozo", em detrimento do modelo anterior.

> O mundo do consumo pede, por sua vez, uma ética do direito ao gozo. Pois o que o discurso do capitalismo contemporâneo precisa é da procura do gozo que impulsiona a plasticidade infinita da produção das possibilidades de escolha no universo do consumo. Ele precisa da regulação do gozo no interior de um universo mercantil estruturado (Safatle, 2008, p. 126).

Sob a perspectiva defendida por Safatle, não mais nos deparamos com uma repressão às formas de gozo, mas o próprio gozo torna-se um imperativo de vida. Em tais condições, o autor pontua, inspirado em Marcuse, a emergência de uma "sociedade da insatisfação administrada", na qual os sujeitos tendem a uma busca permanente pela sua autorrealização. Sob outra perspectiva, o filósofo Gilles Lipovetsky (2004) assinala que, contemporaneamente, "cada um se quer autônomo para construir livremente, à la carte, o seu ambiente pessoal. Vivemos a época da mobilidade subjetiva. Cada um se serve. Fica o problema para aqueles que não conseguem ter acesso a essa mobilidade, convertida num imperativo nas democracias liberais" (p. 21).

Mobilidade, individualidade, desejo, gozo, autorrealização, capacidade de escolha, rendimento e busca de novas oportunidades, sob este cenário, tornam-se noções centrais para pensar a organização das políticas, a promoção do consumo evidenciada nas novas formas de marketing e também na configuração subjetiva. Ainda que não ocorra uma correlação linear e imediata, através da consolidação do neoliberalismo, podemos constatar — junto a Han (2014) — que "o regime neoliberal transforma a exploração alheia em autoexploração que afeta a todas as classes" (p. 10).

Importa ressalvar, porém, que o neoliberalismo opera através de formas sutis, flexíveis e inteligentes de poder, configurando o que Han nomeia como *"smart power"*.

> O poder inteligente, amável, não opera de frente contra a vontade dos sujeitos submetidos, mas dirige essa vontade a seu favor. É mais afirmativo que negador, mais sedutor que repressor. Esforça-se em gerar emoções positivas e em explorá-las. Seduz em lugar de proibir. Não enfrenta o sujeito, oferece facilidades (Han, 2014, p. 16-17).

Acerca das políticas de escolarização juvenil, tomando esse diagnóstico como ponto de partida, descreveremos a emergência e a consolidação de "dispositivos de customização curricular". O que acontece quando os próprios jovens são interpelados a construir sua pauta formativa? Que racionalidades políticas são acionadas quando as escolhas individuais convertem-se em imperativos pedagógicos? Como tais princípios foram sendo construídos no decorrer da pedagogia brasileira (e latino-americana) no século XX? Tais questões buscaremos responder nos próximos seis capítulos para, ao final, traçarmos uma perspectiva de crítica curricular capaz de restabelecer os debates sobre as finalidades públicas da escolarização.

CUSTOMIZAÇÃO CURRICULAR NO ENSINO MÉDIO

Ainda para fins introdutórios, é preciso destacar que esta obra é derivada do relatório de pesquisa do projeto intitulado "Políticas curriculares para o Ensino Médio na América Latina: entre capacidades e oportunidades", financiado pelo CNPq, no qual tivemos como objetivo produzir um diagnóstico crítico dos regimes de implementação das políticas curriculares para o Ensino Médio no contexto da América Latina, procurando mapear as racionalidades políticas que os engendram, bem como os dispositivos curriculares que são colocados em ação. Nossa abordagem teórica inscreveu-se no campo dos Estudos Curriculares, sobretudo aqueles vinculados à tradição crítica, seja através dos estudos sociológicos sobre as políticas educacionais, seja pelos estudos curriculares sobre a instituição escolar em sociedades neoliberais.

Do ponto de vista metodológico, realizamos um recorte analítico priorizando uma leitura diagonal de documentos publicados por organizações nacionais e internacionais, tanto públicas quanto privadas, destinados a orientar os processos de reforma curricular promovidos no contexto examinado, assim como foram realizadas algumas breves incursões empíricas em três países que, recentemente, realizaram reformas curriculares no Ensino Médio. Interessou inicialmente a esta investigação interrogar: Como a formação das juventudes contemporâneas é posicionada nas políticas curriculares para o Ensino Médio na Contemporaneidade? Que sentidos sociais, políticos e pedagógicos são engendrados no interior dessa trama discursiva?

A hipótese orientadora do estudo dizia respeito ao posicionamento estratégico das políticas curriculares para o Ensino Médio, na medida em que essas eram dimensionadas enquanto um "investimento econômico", com ênfase no desenvolvimento de capacidades como um imperativo curricular e no protagonismo juvenil como um objetivo pedagógico. Do ponto de vista teórico, constatamos que esse cenário tem sido reforçado nas condições pedagógicas do nosso tempo, na medida em que prioriza a inovação como atributo indispensável, da mesma forma que se potencializa uma concepção de conhecimento centrada na capacidade de competir e reduz-se a formação humana a "treinamento ocupacional". Todavia, no prolongamento de nossas análises, avançamos para trabalhar com a perspectiva de que a escolarização juvenil, ao enfatizar a promoção de habilidades e o desenvolvimento de habilidades, era movida por dispositivos de customização curricular.

A partir dos entendimentos e problematizações antes expostas, passamos a apresentar brevemente, neste momento, cada um dos capítulos que constituem esta obra. No primeiro capítulo, intitulado "Especificidades da emergência da Contemporaneidade Pedagógica no Brasil: apontamentos para uma história do currículo escolar", traçamos uma revisão histórica dos deslocamentos de uma sociedade instrucional para a sociedade de aprendizagem no contexto brasileiro. Visando caracterizar o contexto de emergência da hipótese da centralidade do estudante, mostramos especificidades brasileiras para a Contemporaneidade Pedagógica, na medida em que outras preocupações faziam-se presentes em nossos debates. Os processos de democratização do acesso à escolarização juvenil no Brasil foram permanentemente tensionados pela definição dos conhecimentos escolares e pela valorização dos saberes dos estudantes, privilegiando uma centralidade da subjetividade aprendente.

Posteriormente, no capítulo nomeado como "Um breve exame das políticas curriculares para o Ensino Médio na América Latina", deslocamos o foco de nossas preocupações para os documentos publicados pelas organizações internacionais. No final do século XX, deparamo-nos com o advento de uma série de normatizações acerca da escola dos jovens, via de regra defendendo que os currículos escolares devem ser promotores de oportunidades para desencadear capacidades sociais e econômicas que atendam às demandas da juventude latino-americana. Atribuiremos especial atenção para a ênfase no desenvolvimento de práticas inovadoras, que se proponham a fabricar o desejo de conquistar e a alegria de criar.

A seguir, no terceiro capítulo, que é nomeado como "Currículo e conhecimento escolar na sociedade das capacitações: o Ensino Médio em perspectiva", enfatizamos a proliferação de reformas educativas destinadas a essa etapa da educação básica. Tomando a noção de "sociedade das capacitações" de Richard Sennett como grade analítica, diagnosticamos como os processos de formação humana passam a priorizar os resultados de curto prazo, os perfis flexíveis, a reinvenção contínua e a busca por novos arranjos de conhecimento. Aliás, considerando a ênfase no conhecimento escolar, descreveremos o objetivo estratégico que perfaz essas políticas na direção da formação de personalidades produtivas e na organização dos currículos como comunidades de aprendizagem no Ensino Médio.

No quarto capítulo, apresentamos a emergência de uma nova gramática curricular para o Ensino Médio de nosso país, ancorada em três grandes imperativos: investir, inovar e empreender. Nessa seção, revisamos um conjunto variado de práticas curriculares que atribuem centralidade para a lógica do empreendedorismo. Seja com uma intencionalidade de promover escolas atraentes por meio da competitividade, seja por meio da busca pela difusão de novas oportunidades econômicas, constatamos a constituição uma nova gramática curricular que favorece o desenvolvimento dos valores da competição, da intensificação e da qualidade na escolarização dos jovens brasileiros.

Posteriormente, no capítulo intitulado "Estetização pedagógica, aprendizagens ativas e práticas curriculares no Brasil" damos um passo adiante para examinar o contexto de implementação de "boas práticas pedagógicas" no Ensino Médio. Para fins dessa seção, analisaremos relatos de experiência de práticas nomeadas como inovadoras e interativas que foram publicadas em revistas acadêmicas em nosso país. Conseguimos trabalhar com a perspectiva de que o processo de desenvolvimento dos currículos escolares nessa etapa, ao atribuir centralidade aos estudantes e aos modos de pensamento mais lúdicos e criativos, engendram determinados dispositivos de estetização do fazer pedagógico. Inspirados em Gilles Lipovetsky e Jean Serroy, sinalizamos as condições de possibilidade para a configuração de um "capitalismo artista", no qual as questões do design e do estilo convertem-se em imperativos econômicos que se expandem aos diferentes âmbitos da vida contemporânea.

No sexto e último capítulo, procuramos examinar como efetivamente operam os dispositivos de customização curricular. Defendemos que tais dispositivos são mobilizados por meio de três processos, distintos e complementares, quais sejam: a emocionalização pedagógica, a algoritmização da vida e a personalização dos itinerários formativos. Ancorados no campo dos Estudos Curriculares, em perspectiva crítica, caracterizamos o entrelaçamento produtivo entre a ênfase nos aspectos socioemocionais, a lógica do desempenho expressa em avaliações de larga escala e os variados mecanismos de individualização/diferenciação pedagógica. Em nossa perspectiva, conseguimos diagnosticar a ênfase recentemente atribuída nas políticas curriculares brasileiras à personalização dos itinerários formativos no Ensino Médio.

Por fim, ainda gostaríamos de manifestar um agradecimento aos variados leitores, colegas e estudantes de graduação e pós-graduação que foram agregando problematizações aos esboços de nossas investigações. Variadas partes desta obra foram publicadas, em versão preliminar, em importantes periódicos na área da Educação, tais como: *E-Curriculum*, *Currículo sem Fronteiras*, *Série-Estudos*, *European Journal of Curriculum Studies*, *Educação e Realidade* e *Educação em Revista*. Os indicativos dos editores e dos pareceristas destas revistas trouxeram, generosamente, importantes contribuições para as etapas desta investigação e ampliaram seu repertório conceitual e sua potencialidade política. Ainda é fundamental registrar um agradecimento ao CNPq, pelo financiamento de parte destes estudos, e à Universidade do Vale do Rio dos Sinos, pela ambiência intelectual e pelas condições de pensamento que temos encontrado em seu Programa de Pós-graduação em Educação.

Ademais gostaríamos de esclarecer um aspecto importante referente ao subtítulo deste livro: "elementos para uma crítica pedagógica". Inscrevemos nossa abordagem na longa tradição de pedagogias que produzem resistência às desigualdades e apostam no potencial democrático do conhecimento na escolarização juvenil. Aceitamos a necessidade de problematizarmos os processos de customização curricular em curso nas políticas brasileiras, sem a pretensão de desqualificar suas possibilidades, mas reconhecendo seus excessos na formação de estudantes autorreferenciados. Desejamos que esta leitura favoreça o desenvolvimento de novas formulações pedagógicas, capazes de ampliar nossos horizontes de reflexão por meio da promoção de leituras críticas e criativas para as demandas emergentes deste século. Boa leitura a todas e a todos!

CAPÍTULO 1

Especificidades da emergência da Contemporaneidade Pedagógica no Brasil:
apontamentos para uma história do currículo escolar

A literatura pedagógica sinaliza, atualmente, que está em curso um deslocamento das condições de uma sociedade instrucional para uma sociedade da aprendizagem (Popkewitz, 2009; Simons; Masschelein, 2013; Biesta, 2013) ou, mais recorrentemente, da Modernidade para a Contemporaneidade Pedagógica (Hamilton, 2002; Noguera-Ramírez, 2011). Tal deslocamento, para além de descrever importantes delineamentos na construção do pensamento pedagógico de nosso tempo, torna-se referência para um conjunto de investigações preocupadas em sistematizar a própria história da Pedagogia, em geral, e especificamente a história do currículo escolar (Silva, 2016). Para fins deste capítulo, pretendemos diagnosticar os modos pelos quais a emergência da Contemporaneidade Pedagógica adquire conotações específicas no contexto brasileiro, na medida em que a escolarização enquanto uma pauta política somente foi mobilizada pelo Estado na primeira metade do século XX. Tal diagnóstico permitirá que possamos melhor delinear, posteriormente, as condições contemporâneas de desenvolvimento das políticas curriculares para o Ensino Médio.

A emergência da sociedade de aprendizagem, importa enaltecer, desenvolveu-se nas primeiras décadas do século passado, sobretudo vinculada aos estudos psicológicos e filosóficos dos pensadores escolanovistas (Noguera-Ramírez, 2011). Noções como aptidão, interesse ou atividade do estudante foram colocadas em ação e sintetizadas em uma noção que apresentava significativa potencialidade heurística — a aprendizagem. O privilégio da atividade do estudante, mais que sinalizar um imperativo pedagógico, evidenciou uma nova matriz de entendimento do pedagógico — não mais centrado no ensino e nas metodologias de ação coletiva — mas na aprendizagem e no indivíduo que a adquire permanentemente (Biesta, 2013; Marín-Diaz, 2015). Uma virada para o indivíduo é materializada na definição da aprendizagem como "um tipo particular de experiência cuja consequência é a adaptação, o crescimento ou o desenvolvimento do indivíduo" (Noguera-Ramírez, 2011, p. 248).

Com o conceito de aprendizagem e um conjunto de teorizações decorrentes, encontramos condições para o advento de noções específicas como "aprendizagens vitalícias", "docência reflexiva", "pedagogia de projetos", "cidades educadoras" e suas variações pedagógicas (Noguera-Ramírez, 2011). Todavia, será com a emergência das políticas neoliberais, no final do referido século, que encontraremos em cena uma "capitalização da aprendizagem" (Simons; Masschelein, 2013). Na medida em que a aprendizagem é posicionada como um tipo específico de capital, os próprios aprendizes são responsabilizados pela composição de seus percursos formativos. Descrevendo essa questão, Gert Biesta (2013) adverte acerca do engendramento de uma "nova linguagem da aprendizagem" que reduz o processo educacional a uma "transação econômica" (p. 37). O autor evidencia três características dessa transação:

(1) o aprendente é o (potencial) consumidor, aquele que tem certas "necessidades", em que (2) o professor, o educador ou a instituição educacional são vistos como provedor, isto é, aquele que existe para satisfazer as necessidades do aprendente e em que (3) a própria educação

se torna uma mercadoria — uma "coisa" — a ser fornecida ou entregue pelo professor ou pela instituição educacional, e a ser consumida pelo aprendente (Biesta, 2013, p. 37-38).

As concepções de currículo e de conhecimento escolar derivadas deste cenário, em linhas gerais, referem-se a diversos conjuntos argumentativos. O primeiro deles aproxima-se da combinação de "variadas articulações e apoios concretos, uma poderosa e extensa formação discursiva que exerce diferentes influências sobre os processos de reforma pública" (Ball, 2014, p. 3), favorecendo um deslocamento no papel do Estado enquanto operador de políticas. Outro aspecto refere-se à proliferação de dispositivos pedagógicos (curriculares) que tomam como alvo o "gerenciamento da pobreza urbana" (Grinberg, 2015). O terceiro conjunto argumentativo, valendo-nos novamente do pensamento de Biesta (2014), encaminha para a centralidade de uma cultura de "medição", assentada em certa "retórica de responsabilidade" (p. 50). O quarto aspecto que gostaríamos de explicitar coaduna-se ao aparecimento de "novas geometrias para o currículo" (Veiga-Neto, 2002), nas quais os próprios estudantes selecionam os conhecimentos e as experiências formativas que julgarem convenientes.

Ao reconhecermos a pertinência e a atualidade deste diagnóstico pedagógico, com poderosas implicações para o pensamento curricular contemporâneo, neste texto pretendemos ampliar esse conjunto de abordagens teóricas, explicitando os modos pelos quais esse deslocamento (da sociedade instrucional para a sociedade de aprendizagem) foi redimensionado em nossa tradição educativa. No contexto brasileiro, conforme assinalaremos em algumas incursões históricas, a publicação do Manifesto dos Pioneiros da Educação Nova e a obra pedagógica de Anísio Teixeira podem nos auxiliar em uma releitura do pensamento curricular, reenquadrando os debates acerca da emergência da sociedade de aprendizagem no Brasil.

Para a composição deste campo de problematizações, acerca da história do currículo escolar no Brasil, faremos uso da noção de "epistemologia social", tal como tem sido desenvolvida pelos estudos de Popkewitz (2014). De acordo com o pesquisador estadunidense, "o foco da epistemologia social foi direcionado para os sistemas de razão que ordenam e classificam o que é dito, pensado e executado" (Popkewitz, 2014, p. 15). A compreensão desses sistemas supõe que a escolarização, através de variadas racionalidades políticas, gera determinadas "teses culturais sobre modos de vida específicos" (p. 14). Do ponto de vista metodológico, a epistemologia social implica em movimentos de historicização que, geralmente, incidem "sobre os objetos da escolarização, percebendo-os como eventos para estudar, interrogando como se tornaram possíveis e quais foram suas condições de possibilidade" (Popkewitz, 2014, p. 16).

A exploração metodológica da noção de epistemologia social, conforme Popkewitz, supõe ainda a própria compreensão da "razão" como um evento a ser examinado, um foco de análise e, mais que isso, a própria lógica orientadora da política de escolarização. Para colocar sob investigação a constituição de determinadas racionalidades políticas e o modo como orientam a composição dos currículos escolares precisamos ficar atentos aos modos de regulação que serão mobilizados. Conforme Popkewitz (2014), "o pensamento sobre a epistemologia social oferece uma maneira de pensar sobre as tradições críticas que focalizam as construções epistemológicas e ontológicas enquanto objetos relacionados à governamentalidade de Foucault e a atenção de Deleuze ao poder como uma prática definida em relações sociais" (p. 16).

Sob tais condições teóricas e metodológicas, apontamos que o presente capítulo estará organizado em três partes. Na primeira seção, a partir de uma retomada conceitual, analisamos as implicações curriculares associadas à emergência de uma "nova linguagem da aprendizagem", sinalizando suas aproximações para os modos de implementação das políticas curriculares e para os processos de seleção dos conhecimentos escolares. A seguir, na segunda seção, direcionamos nosso olhar para a publicação do Manifesto da Educação Nova no ano de 1932, priorizando sua crítica para as tendências verbalistas e intelectualistas. Por fim, na terceira e última seção, assumimos a tarefa de revisar as implicações curriculares do pensamento de Anísio Teixeira, interessados em descrever os modos pelos quais, no Brasil, os fundamentos da escola republicana estão alicerçados nos princípios pedagógicos escolanovistas, assim como revestem-se de uma forte preocupação com a diferenciação pedagógica e o combate às desigualdades educacionais.

Currículo e a nova linguagem da aprendizagem: uma retomada conceitual

Com a emergência de novas pautas formativas para os currículos escolares, derivadas tanto da individualização quanto da economização enquanto princípios organizadores da vida social (Fumagalli, 2016; Marín-Díaz, 2015), podemos assinalar que os discursos pedagógicos em nosso tempo estão sendo ressignificados. Em um breve levantamento bibliográfico, valendo-nos de produção científica recente, diagnosticamos variadas nuances acerca de uma centralidade da "aprendizagem ao longo da vida", assim como de seus impactos na compreensão e no desenvolvimento curricular. A seguir, em um exercício de sistematização, compilaremos alguns destes estudos.

Ao estudar a apologia da aprendizagem útil, com ênfase na empregabilidade, o sociólogo português Licínio Lima (2010) defende que "a aprendizagem é cada vez mais um assunto privado, e cada vez mais dependente da prestação de serviços segundo os estilos de vida, as culturas de aprendizagem, os interesses e as capacidades aquisitivas de cada indivíduo" (p. 45). Com a apologia da aprendizagem individual, em linhas gerais, são valorizadas pedagogicamente as noções de qualificações, competências e habilidades. A educação é tratada como uma questão econômica e, em consequência, assume um lugar central no desenvolvimento econômico das nações, das empresas e dos indivíduos. Tal perspectiva, de acordo com Lima (2010), subordina a vida "a uma longa sucessão de aprendizagens úteis e eficazes, instrumentalizando-a e amputando-a das suas dimensões menos mercadorizáveis, esquecendo, ou recusando, a substantividade da vida ao longo das aprendizagens" (p. 51).

De acordo com a leitura de Ball (2016), sobre os regimes de implementação das políticas educacionais nas condições de governança do neoliberalismo, emergem mudanças institucionais com foco em uma gestão performativa. Explica que o neoliberalismo "se plasma em relações práticas de competição e exploração nos negócios, mas também cada vez mais em formas muito comuns e imediatas em nossas instituições da vida cotidiana, e assim 'nos faz'" (p. 30). Como podemos constatar, mais que sintetizar as mudanças do Estado e promover novos modos de regulação, o neoliberalismo "transforma-nos em tipos diferentes de trabalhadores educativos ou aprendizes" (Ball, 2016, p. 30).

Em termos de performatividade, categoria importante nos estudos políticos de Ball (2016), variados sistemas de comparação operam nos sistemas educativos produzindo uma nova reconceitualização da escolarização.

> Assim, a performatividade faz uma contribuição especial à conversão do ensino e da aprendizagem em elementos calculáveis, gera informação de mercado para aqueles que escolhem, permite ao Estado "eliminar" aqueles que rendem pouco e faz possível traduzir o trabalho educativo de todo tipo a contratos articulados como formas de provisão de rendimento, que podem abrir-se a concurso e assim à competição dos provedores privados por meio da subcontratação (Ball, 2016, p. 31).

À medida em que a educação é convertida em elemento calculável, Pongratz (2013) descreve os modos pelos quais as reformas educativas ancoradas em exames de larga escala, especialmente os vinculados ao PISA, desencadeiam novas estratégias governamentais com foco nos indivíduos. O indivíduo, em tais condições, "situa-se em uma posição dual: pode experimentar-se a si mesmo como o sujeito dos processos, mantendo-se, ao mesmo tempo, como o objeto" (Pongratz, 2013, p. 147). Centrada na aprendizagem ao longo da vida, enquanto dispositivo pedagógico, a escola torna-se uma agência de "organização da aprendizagem" ou de "auto-organização".

Emergem um conjunto de conceitos pedagógicos, constituindo um novo vocabulário, tais como: "gestão da aprendizagem", "boas práticas", "qualidade", "inovação" e "otimização". Todavia, ainda conforme Pongratz (2013), mais importante torna-se destacar que "cada aluno e cada professor convertem-se em seu próprio 'centro de competência' e, em consequência, o conceito de competência orienta--se para o centro da reflexão pedagógica" (p. 148). A aprendizagem, então, torna-se "auto-administrada".

> De forma implícita, o conceito de autogestão evidencia que já não há nada em que o indivíduo pode agarrar-se que não seja a própria autogestão, dadas as relações incontroláveis que se reúnem ao redor dele, quer dizer muito pouco. Do fato de que na selva das relações de mercado não há mais valores que possam garantir o êxito das estratégias escolhidas por cada um, o que faz eco na tese construtivista da "incerteza" e da contingência da aprendizagem (Pongratz, 2013, p. 148).

No que tange às derivações curriculares, tomadas a partir da pedagogia contemporânea, Noguera-Ramírez e Parra (2015) descrevem uma debilitação do saber pedagógico. A partir de uma "pedagogização social contemporânea", os pesquisadores colombianos pontuam "a centralidade dos processos de aprendizagem na vida cotidiana das pessoas, a centralidade do saber, do conhecimento e da informação nas práticas sociais, políticas e econômicas" (p. 73). Ampliando essa argumentação, Gert Biesta (2016) sinaliza que, sob as condições de uma nova linguagem da aprendizagem, há uma erosão na compreensão pública dos sentidos do professor e do ensino.

A nova linguagem da aprendizagem — *learnification*, conforme Biesta — refere-se "aos professores como facilitadores de aprendizagem, ao ensino como criação de oportunidades de aprendizagem, às escolas como ambientes de aprendizagem, aos estudantes como aprendizes e aos adultos como adultos aprendizes, ao campo da educação de adultos como aprendizagem ao longo da vida e à educação em geral como o processo de ensino/aprendizagem (como muitas pessoas preferem dizer hoje em dia)" (Biesta, 2016, p. 121). Conforme o filósofo, a nova linguagem da aprendizagem pode conduzir a um desaparecimento da função pública da docência.

A literatura revisada aponta que a virada para uma sociedade de aprendizagem ocorreu nas primeiras décadas do século XX, derivadas de uma mudança nas formas de o Estado administrar sua população, assim como da consolidação dos saberes psicológicos enquanto princípio explicativo das subjetividades. Tomando a noção de "epistemologia social" (Popkewitz, 2014) enquanto ferramenta de trabalho, procuramos sinalizar que, no Brasil, esse deslocamento foi orientado por outras racionalidades políticas e mobilizou novos sistemas de raciocínio pedagógico. A seguir, em um breve exercício de digressão histórica, revisitamos o Manifesto dos Pioneiros da Educação Nova, de 1932.

Revisitando o Manifesto dos Pioneiros (1932): racionalidades em ação

Transcorria-se quarenta e três anos do regime republicano no Brasil quando um grupo de intelectuais, de variadas áreas do conhecimento e tradições de pensamento, tornou público um documento que assumia como tarefa contribuir para a reconstrução educacional do país. A importância de uma reconstrução estava vinculada aos princípios do movimento Escola Nova; todavia, no Brasil, adquiria conotações específicas ao atribuir visibilidade para a inorganização da administração escolar, especialmente no que tange às variadas formas de segregação do acesso à escolarização pública. Com intencionalidades democráticas, o Manifesto dos Pioneiros da Educação Nova, no ano de 1932, trazia em sua pauta política um conjunto de questionamentos, dentre os quais: "Por que os nossos programas se haviam ainda de fixar nos quadros de segregação social, em que os encerrou a República, há 43 anos, enquanto nossos meios de locomoção e os processos de indústria centuplicaram de eficácia, em pouco mais de um quartel de século?" (Manifesto, 2010 [1932], p. 35-36).

As possibilidades de renovação educacional e de reconstrução nacional, derivadas da publicação do Manifesto, evidenciavam uma preocupação em combater as formas tradicionais de educação, herdadas do Brasil Império, e, ao mesmo tempo, propor uma centralidade da democracia, do método científico, da formação integral, do acesso à escola pública e do combate às desigualdades educacionais. Em linhas gerais, face aos dilemas do século XX e da construção da República no Brasil, postulavam que "a educação nova não pode deixar de ser uma reação categórica, intencional e sistemática contra a velha estrutura do sistema educacional, artificial e verbalista, montada para uma concepção vencida" (Manifesto, 2010 [1932], p. 40).

A dimensão do documento que procuramos destacar neste momento diz respeito à inserção da temática educacional na agenda política do Estado republicano, no Brasil, sobretudo enfatizando suas dificuldades na organização dos sistemas de ensino.

> Onde se tem de procurar a causa principal desse estado antes de inorganização do que de desorganização do aparelho escolar é na falta, em quase todos os planos e iniciativas, da determinação dos fins da educação (aspecto filosófico e social) e da aplicação (aspecto técnico) dos métodos científicos aos problemas da educação. Ou, em poucas palavras, na falta de espírito filosófico e científico, na resolução dos problemas de administração escolar. Esse empirismo grosseiro, que tem presidido ao estudo dos problemas pedagógicos, postos e discutidos numa atmosfera de horizontes estreitos, tem suas origens na ausência total de uma cultura universitária e na formação meramente literária de nossa cultura (Manifesto, 2010 [1932], p. 34).

A ausência de recursos técnicos, a inorganização dos sistemas de ensino e as dificuldades na definição de finalidades públicas ou diretrizes políticas para a escolarização eram destacadas no documento. O Manifesto de 1932, em seu conjunto de reflexões e proposições, postulava que "esse movimento francamente renovador inaugurou uma série fecunda de debates de ideias, agitando o ambiente para as primeiras reformas impelidas para uma nova direção" (p. 36). Sua nova direção, ainda que articulada aos pressupostos da Educação Nova, evidenciava significativos imperativos políticos, sobretudo ao destacar a função pública da escola, a defesa da escola única para todos e os princípios orientadores da organização dos sistemas de ensino.

No que tange à função pública da escola, o documento de 1932 defendia o direito de cada indivíduo à educação integral, correlacionada ("logicamente") ao dever do Estado na sua garantia. De acordo com o documento, o Estado "deve assentar o trabalho da educação no apoio que ela dá à escola e na colaboração efetiva entre pais e professores" (Manifesto, 2010 [1932], p. 43). Assim sendo, a educação é definida como "uma função social e eminentemente pública" (p. 43). Importante destacar ainda a ênfase atribuída ao Estado, que é colocado a serviço da família e da escola para que caminhem na mesma direção.

Acerca da escola única para todos, o Manifesto de 1932 enaltecia que o direito de cada indivíduo precisava ser garantido através da ação do Estado, por meio de um "plano geral de educação, de estrutura orgânica, que torne a escola acessível em todos os seus graus, aos cidadãos a quem a estrutura social do país mantém em condições de inferioridade econômica para obter o máximo de desenvolvimento de acordo com suas aptidões vitais" (Manifesto, 2010 [1932], p. 44). Derivaria desde plano a possibilidade de uma "escola comum ou única", o que não significaria um monopólio do Estado em questões educacionais.

> [...] a "escola única" se entenderá, entre nós, não como "uma coinscrição precoce", arrolando, da educação infantil a universidade, todos os

CUSTOMIZAÇÃO CURRICULAR NO ENSINO MÉDIO

brasileiros, e submetendo-os durante o maior tempo possível a uma formação idêntica, para ramificações posteriores em vista de destinos diversos, mas antes como a escola oficial, única, em que todas as crianças, de 7 a 15, todas ao menos que, nessa idade, sejam confiadas à escola pública, tenham uma educação comum, igual para todos (Manifesto, 2010 [1932], p. 44).

O documento apresenta ainda, de modo sucinto, a laicidade, a gratuidade, a obrigatoriedade e a coeducação como os princípios que orientam a constituição da "escola única para todos". Para as linhas gerais de um plano de reconstrução educacional, indica como objetivo para a escolarização, em seus variados níveis, "levar à formação da personalidade integral do aluno e ao desenvolvimento de sua faculda-de produtora e de seu poder criador, pela aplicação na escola, para a aquisição ativa de conhecimentos, dos mesmos métodos (observação, pesquisa e experiência), que segue o espírito maduro, nas investigações científicas" (Manifesto, 2010 [1932], p. 54).

Do ponto de vista dos programas escolares, evidenciando os rastros da epistemologia social que os orientam e que se desdobram em práticas curriculares específicas, a questão emblemática torna-se "a reação contra as tendências passivas, intelectualistas e verbalistas da escola tradicional" (p. 49). Buscava-se promover uma aproximação da escolarização com a própria vida, com os interesses dos estudantes ajustada às suas necessidades psicológicas e capaz de contribuir para o trabalho enquanto elemento formador. Destaca-se ainda que "a educação nova que, certamente pragmática, se propõe ao fim de não servir aos interesses de classes, mas aos interesses dos indivíduos, e que se funda sobre o princípio da vinculação da escola com o meio social, tem seu ideal condicionado pela vida social atual, mas profun-damente humano, de solidariedade, de serviço social e cooperação" (Manifesto, 2010 [1932], p. 40-41). O Manifesto de 1932, no Brasil, enunciava uma forte preocupação com a reconstrução dos programas e dos métodos escolares, que superasse as formas tradicionais de organização e que promovesse o combate às desigualdades sociais, através de uma escolarização centrada no indivíduo, na ciência e na democracia. Em um exercício de história das racionalidades políticas que instauram determinadas políticas curriculares no Brasil da primeira metade do século XX, na próxima seção revisaremos a obra de Anísio Teixeira, perscrutando os rastros da emergência da sociedade de aprendizagem em nosso país.

Anísio Teixeira e a reconstrução educacional da nação: políticas em disputa

As contribuições de Anísio Teixeira para o pensamento educacional brasileiro são fundamentais para compreendermos a constituição da escolarização pública do Brasil, bem como para revisarmos as racionalidades orientadoras da organização dos currículos escolares no último século. São variados os trabalhos acadêmicos que qualificam o filósofo educacional como "construtor da escola pública" (Fávero, 2001), como um "missionário moderno" (Serpa, 2001) ou mesmo como um "pensador radical" (Araújo; Mota; Britto, 2001). Geralmente, seus estudos ainda são considerados atuais, na medida em que Teixeira consagrou-se "pela defesa da escola pública, luta principal de sua vida como ser humano, intelectual e educador" (Nunes, 2000, p. 108). Sua obra política e intelectual, a partir de uma tradição democratizadora, defende a "concepção de uma política educacional que critica de forma contundente a uniformização, o descompromisso do Estado com a escola fundamental e a separação que, nele, os administradores executam entre meios e fins" (Nunes, 2000, p. 125).

As teorizações educacionais mobilizadas por Anísio Teixeira, na metade do século XX, estavam em aproximação ao movimento de caráter internacional conhecido como "Educação Nova". Em um cenário de transição educacional — "entre reacionários e conservadores" —, através de uma releitura do pensamento de John Dewey,

CUSTOMIZAÇÃO CURRICULAR NO ENSINO MÉDIO

Teixeira apregoava a necessária centralidade da criança em aproximação com as experiências acumuladas pela humanidade. Na criança, de acordo com seus escritos filosóficos, encontrava-se o "impulso" e na experiência o "alvo". Em torno dessas questões, seria organizado o planejamento educacional.

> Por meio da experiência já adquirida da humanidade, deve o educador traçar o roteiro do desenvolvimento individual, dirigir o seu curso, corrigir os seus desvios, acelerar a sua marcha, assistir, enfim, em todos os passos, a obra da educação, de que é o guarda e o responsável (Teixeira, 1975, p. 23).

Em aproximação aos ideais pedagógicos de seu tempo, o filósofo brasileiro ponderava a necessidade de ultrapassar os limites da disciplina, estimulando a busca por novas conquistas, através da "força de realização e da força de expansão" (p. 23). Adquire centralidade, do ponto de vista pedagógico, sua busca permanente por novas possibilidades formativas. Isso faz sentido, em suas palavras, na medida em que "a escola progressiva é a escola onde as atividades se processam com o máximo de oportunidades para essa ascensão" (Teixeira, 1975, p. 23).

Para atender às demandas sociais emergentes do século XX, Teixeira pontua a construção de uma "escola transformada", assentada sob novos fundamentos. Tais fundamentos, balizadores da escolha das experiências e conhecimentos a serem selecionados, auxiliam-nos a pensar novas finalidades ou novos propósitos para a escolarização. Em articulação ao pensamento deweyano, a filosofia educacional proposta por Teixeira aposta no pensamento científico como eixo para as transformações a serem produzidas. De acordo com o autor, "transforma-se a sociedade nos seus aspectos econômicos e sociais, graças ao desenvolvimento da ciência, e com ela se transforma a escola, instituição fundamental que lhe serve, ao mesmo tempo, de base para sua estabilidade, como de apoio para a sua projeção" (Teixeira, 1975, p. 27).

Interessa ao autor o desenvolvimento científico e suas possibilidades de progresso, acompanhadas por mudanças de várias ordens na vida social. Todavia, mais uma vez recorrendo ao progressivismo deweyano, Teixeira manifesta interesse pelas atitudes do cientista, capazes de construir o "novo homem".

> Nessa nova ordem de mudança constante e de permanente revisão, duas coisas ressaltam, que alteram profundamente o conceito da velha escola tradicional:
> a) precisamos preparar o homem para indagar e resolver por si os seus problemas;
> b) temos que construir a nossa escola, não como preparação para um futuro conhecido, mas para um futuro rigorosamente imprevisível (Teixeira, 1975, p. 30).

A nova atitude científica permitiria a formação de um sujeito capaz de resolver problemas, de criar oportunidades e de conviver democraticamente com a sociedade de seu tempo. Com essa tarefa, a escola progressiva/renovada assumiria como finalidade "preparar cada homem para ser um indivíduo que pense e que se dirija por si, em uma ordem social, intelectual e industrial eminentemente complexa e mutável" (Teixeira, 1975, p. 36). As mudanças nas famílias, na comunicação, na economia e na sociedade, de maneira geral, conduziriam para uma necessária transformação da escola tradicional.

De acordo com o filósofo brasileiro, mais uma vez retomando o pensamento de John Dewey, seria indispensável "trazer a vida para a escola" (Teixeira, 1975, p. 39). A criança, através de experiências ancoradas nas atitudes científicas e na vida democrática, teria acesso a uma educação plena e integral. Para tanto, Teixeira enuncia claramente as finalidades educacionais derivadas de seus exercícios de teorização: "ajudar os nossos jovens, em um meio social liberal, a resolver os problemas morais e humanos" (Teixeira, 1975, p. 41). Quais responsabilidades pedagógicas poderiam ser derivadas dessa finalidade?

[...] educar em vez de instruir; formar homens livres em vez de homens dóceis; preparar para um futuro incerto e desconhecido em vez de transmitir um passado fixo e claro; ensinar a viver com mais inteligência, com mais tolerância, mais finamente, mais nobremente e com maior felicidade, em vez de simplesmente ensinar dois ou três elementos de cultura e alguns manuaizinhos escolares... (Teixeira, 1975, p. 41).

Das responsabilidades pedagógicas e da finalidade educacional anteriormente evidenciadas, podemos mapear neste momento os pressupostos apresentados pelo autor para a reorganização dos programas escolares (currículos), juntamente com uma descrição dos conhecimentos a serem selecionados para as experiências formativas ofertadas na escola. Um comentário inicial acerca dessa questão remete-nos a ponderar que, sob as condições do progressivismo pedagógico, Teixeira defende que "para a escola progressiva as matérias são a própria vida, distribuídas por 'centros de interesse ou projetos'" (Teixeira, 1975, p. 47). Estudar, do ponto de vista dos estudantes, seria mobilizar esforços para resolver problemas; enquanto que ensinar, do ponto de vista docente, significaria "guiar o aluno na sua atividade e dar-lhe os recursos que a experiência humana já obteve para lhe facilitar e economizar esforços" (p. 47).

Em tais condições, o critério para a organização dos currículos escolares e dos conhecimentos a serem ensinados ancora-se em uma dimensão psicológica, capaz de respeitar a personalidade da criança e de mobilizar saberes úteis para a sua vida. A definição de currículo, desenvolvida pelo filósofo, postula-o como "a série de atividades educativas em que a criança se vai empenhar para progredir mais rapidamente, de acordo com a sabedoria da experiência humana, em sua capacidade de viver" (Teixeira, 1975, p. 73). Tomando como referência a aptidão da criança, distanciando-se de um currículo tradicional ("verbal e livresco"), delineia-se um currículo que amplie as experiências formativas a partir dos interesses do próprio indivíduo que aprende.

A unidade constitutiva do programa escolar é a atividade aceita pelo aluno e por ele devidamente planejada. As atividades devem ser tais, que levem os alunos à aprendizagem dos conhecimentos, hábitos e atitudes indispensáveis para resolver os problemas de sua própria vida. O papel do professor está em despertar os problemas, torná-los sentidos ou conscientes, dar-lhes uma sequência organizada e prover os meios necessários para que os alunos se resolvam, de acordo com o melhor método e os melhores conhecimentos (Teixeira, 1975, p. 65).

Em estudos posteriores, Teixeira acrescentará outros elementos para serem considerados na constituição dos programas escolares. Em uma conferência proferida no ano de 1953, intitulada "Educação não é privilégio", o filósofo brasileiro traçará um debate mais político acerca da escolarização pública, dispondo-a no combate às desigualdades sociais. Tal como em suas elaborações anteriores, o filósofo critica os modelos curriculares centrados em procedimentos transmissivos ou enciclopédicos. Mesmo aceitando os pressupostos herdados da escola republicana francesa, Teixeira (1977) defenderá que a escola comum para todos deveria se emancipar dos modelos intelectualistas, tornando-se mais "moderna, prática e eficiente" (p. 13). A referida escola não estaria organizada como um "programa de matérias", mas seria "iniciadora nas artes do trabalho e do pensamento reflexivo, ensinando o aluno a viver inteligentemente e a participar responsavelmente de sua sociedade" (Teixeira, 1977, p. 13).

No contexto brasileiro, a "nova escola comum" defendida pelo autor, além de superar o arcaísmo de nossos métodos, precisaria modernizar nossa cultura, ingressando nos pressupostos das ciências, das artes e dos valores democráticos atinentes ao século XX. Outra dimensão emergente de sua obra remete-se à problematização da concepção seletiva da escolarização brasileira daquele período. Em suas palavras, "ser educado escolarmente significa, no Brasil, não ser operário, não ser membro das classes trabalhadoras" (Teixeira, 1977, p. 22). Ainda que aposte em modelos comuns para a escola pública, o filósofo constata que, em nosso país, fabricamos um "dualismo escolar".

As escolas refletiram, assim, de acordo com o velho estilo, o dualismo social brasileiro entre os "favorecidos" e os "desfavorecidos". Por isto mesmo, a escola comum, a escola para todos, nunca chegou, entre nós, a se caracterizar, ou a ser de fato para todos. A escola era para a chamada elite. O seu programa, o seu currículo, mesmo na escola pública, era um programa e um currículo para "privilegiados". Toda a democracia da escola pública consistiu em permitir ao "pobre" uma educação pela qual pudesse ele participar da elite (Teixeira, 1977, p. 29).

O compromisso com a redução das desigualdades, ultrapassando a noção da "educação como um privilégio", emerge nas preocupações políticas do filósofo brasileiro sistematizadas em suas abordagens sobre a democracia. Em termos de educação primária, por exemplo, Anísio Teixeira defendia que a instituição escolar ampliasse seu escopo de intervenção pedagógica até atingir as possibilidades de ampliação do tempo escolar. Suas experiências, na seminal experiência de tempo integral na Escola Carneiro Ribeiro em Salvador, são retomadas como exemplares para ampliação do acesso a esse direito. A defesa da escola pública, em seus textos políticos da década de 1950, assentava-se na crítica aos modelos instrucionistas e no combate às desigualdades educacionais brasileiras, fazendo com que o ideal republicano da "escola comum para todos" fosse estabelecido a partir das subjetividades dos estudantes e organizado a partir de suas demandas e interesses.

Após termos descrito, a partir da literatura pedagógica contemporânea, os deslocamentos de uma sociedade instrucional para uma sociedade de aprendizagem (Hamilton, 2002), sobretudo após o advento de uma "nova linguagem da aprendizagem" (Biesta, 2013), nossa intenção neste capítulo inicial esteve em problematizar os modos pelos quais esse deslocamento foi engendrado no contexto brasileiro. Ao inscrevermos este estudo no campo dos Estudos Curriculares, fizemos uso da noção de "epistemologia social" de Popkewitz (2014) para a realização de um conjunto de digressões históricas para compreender as especificidades da emergência da Contemporaneidade Pedagógica em nosso país e, mais que isso, reposicionar tal questão teórica no âmbito de uma história dos currículos escolares.

Mesmo que de forma preliminar, constatamos que, no Brasil, os referidos deslocamentos também ancoravam-se na crítica aos modelos instrucionais; todavia, nos escritos analisados, deparamo-nos com uma intensa preocupação com as desigualdades educacionais. Outro aspecto que merece atenção, no âmbito da própria intervenção do Estado, diz respeito ao fato de que o ideal republicano da "escola comum para todos", em nosso contexto, estabeleceu-se através da centralidade das subjetividades dos estudantes, por outros itinerários, conseguindo reforçar as lógicas individualizantes das políticas curriculares atuais. Vale destacar ainda o posicionamento da seleção dos conhecimentos escolares através de critérios psicológicos, ora vinculados aos desejos e interesses dos estudantes, ora dispostos conforme as culturas e saberes de suas comunidades. Em sintonia com a literatura revisada, similarmente reconhecemos a preocupação com a constituição dos aprendizes vitalícios que, através dos procedimentos científicos e dos modos de vida democráticos, sejam capazes de intervir em um mundo em transformação. A seguir, no próximo capítulo, expandiremos nossa reflexão para a composição de uma breve sistematização das políticas curriculares para o Ensino Médio na América Latina.

CAPÍTULO 2

Um breve exame das políticas curriculares para o Ensino Médio na América Latina

> *Assim é também no mundo econômico. No peito de quem deseja fazer algo novo, as forças do hábito se levantam e testemunham contra o projeto em embrião* (Schumpeter, 1997, p. 93).

As políticas curriculares para o Ensino Médio têm sido alvo de um conjunto de investimentos políticos no contexto latino-americano (Tello; Mainardes, 2014; Silva, 2014a). Por diferentes sistemas de raciocínio pedagógico, podemos constatar a predominância de uma gramática formativa que atribui centralidade à constituição de indivíduos dotados de capacidades para competir no mercado de trabalho, ao mesmo tempo em que sejam escolarizados através de processos inovadores e criativos. O currículo escolar constituído, nessa configuração, é descrito como um promotor de capacidades, desencadeadoras de oportunidades, organizadas através de iniciativas que levem em consideração as demandas subjetivas dos jovens, assim como sua potencialidade econômica (Silva, 2016).

Apresentaremos, neste capítulo, algumas reflexões ainda preliminares acerca das racionalidades que orientam as políticas curriculares para o Ensino Médio, recentemente implementadas em diferentes regiões brasileiras. Especificamente para este momento, realizamos um recorte analítico, priorizando uma leitura diagonal de quatro documentos publicados por organizações internacionais destinados a orientar os processos de reforma curricular promovidos no contexto latino-americano. De imediato, podemos indicar que constatamos um direcionamento para as questões da promoção de práticas pedagógicas inovadoras, associadas ao desenvolvimento de formas curriculares ancoradas nos conceitos de protagonismo juvenil e formação de habilidades. Assim sendo, interessa-nos interrogar: *Como a formação das juventudes contemporâneas é posicionada nas políticas curriculares para o Ensino Médio na Contemporaneidade? Que sentidos sociais, políticos e pedagógicos são engendrados no interior dessa trama discursiva?*

Frente a essas inquietações investigativas, organizamos este capítulo em quatro seções. Na primeira seção, produzimos um diagnóstico das práticas curriculares mobilizadas atualmente no Ensino Médio, considerando como fio condutor sua preocupação com o desencadeamento de práticas inovadoras, dimensionando a formação juvenil no âmbito de um "treinamento ocupacional" (Bauman, 2008). A seguir, na segunda seção, realizamos algumas digressões históricas para compreender a emergência dos discursos sobre a inovação em nosso tempo. Como exemplar analítico deste contexto de emergência, escolhemos o pensamento econômico de Joseph Schumpeter, valendo-nos da hipótese sociológica proposta por Laval (2004). Posteriormente, na terceira seção, explicitamos alguns pressupostos investigativos que mobilizam nossos estudos no campo das políticas para o Ensino Médio, priorizando uma leitura crítica e pluralista. Por fim, na quarta seção, apresentamos um exercício analítico produzido a partir da retomada de quatro documentos produzidos por agências multilaterais e destinados a orientar as reformas curriculares colocadas em ação no Ensino Médio, no contexto latino-americano. Constatamos, então, o posicionamento estratégico das políticas curriculares para o Ensino Médio, dimensionadas enquanto um "investimento econômico" (López-Ruiz, 2009), com ênfase no desenvolvimento de capacidades como um imperativo curricular e no protagonismo juvenil como um objetivo pedagógico.

Práticas inovadoras no Ensino Médio: um diagnóstico

Recorrentemente, somos interpelados a considerar uma crise da escolarização pública de nosso país, especialmente no que diz respeito ao Ensino Médio. Os diagnósticos acerca dessa etapa da educação básica assinalam a emergência de tempos de crise, descrita por adjetivações como "apagão do ensino médio" (Ruiz; Ramos; Hingel, 2007), ou mesmo "crise de audiência" (Barros; Mendonça, 2009). Sob tais condições, um conjunto de novas orientações, diretrizes e resoluções foram produzidas de forma intensa nos últimos anos, tanto a nível nacional quanto internacional, visando politicamente produzir mudanças nos padrões de desempenho das instituições e ampliar seu potencial de contribuição para a vida social e econômica[1]. Em linhas gerais, constata-se uma aspiração pela constituição de novos currículos escolares que atendam às demandas juvenis e que sejam atraentes, flexíveis e inovadores (Silva, 2014a; Silva, 2014b).

No que tange ao cenário brasileiro, Krawczyk (2014) sugere que nossas escolas de Ensino Médio experienciam um momento de transição. Entretanto, em sua análise, o que está considerado como um processo de renovação pedagógica e organizacional da escola pública, produzindo mecanismos de diferenciação e induzindo novas formas de trabalho, vincula-se a uma articulação com as demandas do empresariado. Com a intenção de aplicar modelos atinentes à gestão empresarial, de acordo com a pesquisadora, "as evidências

---

1. Exemplar, nessa direção, seriam os recentes direcionamentos mobilizados para a nova reforma do Ensino Médio no Brasil sob as condições preliminares da MP 476.

e o pragmatismo tornaram-se, nos últimos trinta anos, as palavras de ordem na definição de políticas e o registro de experiências bem-sucedidas e resultados mensuráveis tornaram-se conhecimentos privilegiados" (Krawczyk, 2014, p. 24). O conceito predominante nos regimes de implementação de tais políticas é a flexibilização, na medida em que "a competitividade do país no mercado globalizado é a chave desse projeto" (p. 37).

Examinando a educação secundária no contexto latino-americano, Tello e Mainardes (2014) assinalam uma tendência ao atendimento das recomendações do Banco Mundial e do BID. Em uma lógica neoliberal, os pesquisadores descrevem um direcionamento das políticas voltadas ao Ensino Médio para os eixos da descentralização, dos mecanismos de avaliação e da otimização da qualidade educativa. Em uma economia do conhecimento, tal como esse contexto é caracterizado, nota-se a implementação da obrigatoriedade dessa etapa da escolarização; porém, "a necessidade de expansão e de universalização da educação secundária, no contexto do pós-neoliberalismo, pode ser defendida com o objetivo de atrelar a oferta educacional ao desenvolvimento econômico" (Tello; Mainardes, 2014, p. 172). Em outras palavras, reforça-se uma gramática econômica que, em nossa leitura, dialoga fortemente com as pedagogias inovadoras emergentes neste contexto.

Explorando alguns sentidos sobre a inovação pedagógica, na atualidade, a leitura social de Paula Sibilia (2012) apresenta-se de modo oportuno. Ao examinar as mudanças culturais que interpelam a escola contemporânea, Sibilia pontua a aproximação das questões da educação e da cultura com a lógica do capital, delineada pelo consumo em suas diferentes nuances. Na medida em que a educação não mais é apresentada nas condições modernas (de escolarização obrigatória), passa a ser "oferecida como *fast food* ou em sua versão *gourmet*" (Sibilia, 2012, p. 132). As práticas escolares precisam tornar-se úteis, divertidas e estimulantes, fazendo com que o aluno aproxime-se da figura de um cliente — "aquele que sempre tem razão e que deseja se divertir, ou, de algum modo, lucrar com seus investimentos" (Sibilia, 2012, p. 132). As pautas da escolarização moderna são deslocadas.

A dispersão da escola contemporânea, descrita na obra de Sibilia, assinala um afastamento dos pressupostos civilizadores e disciplinares que demarcavam as formas pedagógicas desde o século XVII.

> Na oferta educacional contemporânea busca-se oferecer um serviço adequado a cada perfil de público, proporcionando-lhe recursos para que cada um possa triunfar nas árduas disputas de mercado. Isso não é para todos, como a lei, mas tem uma distribuição desigual como o dinheiro: todos os consumidores querem ser distintos e únicos, singulares, capazes de competir com os demais para se destacar com suas vantagens diferenciadas, num mundo globalizado no qual impera um capitalismo cada vez mais jovial, embora também feroz (Sibilia, 2012, p. 132).

O sujeito fabricado nessas condições é proativo e empreendedor, visto que necessita dos serviços educacionais para potencializar suas formas de intervenção no competitivo mundo da economia. A pedagogia requisitada para tais tarefas associa-se a um treinamento de habilidades, com foco na capacitação técnica, desencadeando "um tipo de ensino que agora costuma ser nomeado recorrendo a vocábulos esportivos como *training* ou *coaching*, que significam treinamento ou adestramento" (Sibilia, 2012, p. 134). O professor exigido para intervir nesse processo precisa assumir as tarefas advindas da aprendizagem vitalícia, bem como aceitar o primado pedagógico da inovação[2].

Sibilia explora ainda as articulações dessas condições formativas com ressonâncias provindas dos discursos e da racionalidade neoliberal. Sob uma "ética empreendedora", expressão utilizada pela pesquisadora, novas racionalidades e estratégias políticas são colocadas em ação na composição da agenda da escolarização do século XXI, a saber: "a autonomia, a flexibilização, a iniciativa e a motivação, a superação e as responsabilidades individuais" (Sibilia, 2012, p. 126).

---

2. O deslocamento da lógica da reprodução para a inovação, bem como do regime de repetição para a invenção, perfaz a constituição do capitalismo contemporâneo, sobretudo a partir da imaterialização do trabalho e a produção de conhecimentos por conhecimentos (Corsani, 2003).

Acerca desse tópico, a questão da inovação educacional, também encontramos importantes contribuições nos escritos do sociólogo francês Christian Laval (2004). Na medida em que ocorrem mudanças no campo produtivo — com a emergência de novos paradigmas e a imaterialização do trabalho —, o próprio conhecimento passa a ser situado como um fator de produção. Com a consolidação das políticas de inspiração neoliberal, os saberes e os valores formativos são deslocados do âmbito de uma "cultura universal" e tornam-se regidos por novos critérios operacionais, a saber: "a eficácia, a mobilidade e o interesse" (Laval, 2004, p. 57). Essa mudança, para além de atribuir destaque para um padrão de entendimento que foi deslocado, assinala uma mudança de sentido na escolarização em suas diferentes configurações. Emerge, nessas condições, uma escola preocupada em potencializar o capital humano (López-Ruiz, 2009).

De acordo com Laval (2004), prioriza-se a busca de conhecimentos técnicos e saberes úteis. Tal opção justifica-se pelo fato de tais noções serem consideradas "mais adequadas para os jovens procedentes das classes populares e adaptadas às necessidades das empresas" (p. 59). As políticas educacionais, atendendo a critérios econômicos, apresentam uma dupla reivindicação. "Por um lado, a favor de um importante investimento educativo e, por outro lado, a favor de uma redução dos conhecimentos considerados inúteis e cansativos quando não tem uma relação evidente com uma prática ou um interesse" (Laval, 2004, p. 59). A justificativa para essa mudança de cenário expressa-se na possibilidade da escolarização criar bem-estar pessoal, social e econômico[3].

A criação de novos perfis formativos, adensados por capacitações e competências genéricas, é potencializada pela importância da inovação, interpretada desde os pressupostos de Schumpeter — o que ampliaremos na próxima seção. As universidades e as demais

---

3. Acerca desta questão, Lenoir (2016) argumenta sobre uma centralidade do utilitarismo na composição dos saberes das próprias ciências educativas. Em sua perspectiva, "o princípio do humanismo foi substituído por aquele do profissionalismo, que os estadunidenses chamaram no fim do século XIX de 'vocacionalismo' (no sentido de vocação profissional)" (p. 163).

instituições educacionais são interpeladas a uma aproximação com as empresas, estabelecendo parcerias e colaborações diversas. Segundo Laval, a condição antes apresentada evidencia o próprio sentido de educação, que é reforçado a partir do neoliberalismo — a formação de "ativos". Tais indivíduos, potencializados economicamente para competir, são conduzidos a buscar "a aplicação de conhecimentos estratégicos no exercício de uma profissão especializada ou de uma atividade considerada socialmente útil" (Laval, 2004, p. 78-79).

Um ponto de convergência entre as produções acadêmicas de Sibilia (2012) e Laval (2004) — acerca das relações referentes à produção de uma inovação educacional — encontramos na sistematização proposta por Bauman (2008). Conforme o sociólogo, nas condições culturais do estágio atual da Modernidade, as subjetividades são fabricadas com foco no "desapego" e na busca de soluções novas. Em suas palavras, "o sucesso na vida (e assim a racionalidade) dos homens e mulheres pós-modernos depende da velocidade com que conseguem se livrar de hábitos antigos, mais do que da rapidez com que adquirem novos" (Bauman, 2008, p. 161). Não se apegar a padrões, a hábitos preestabelecidos e a experiências formativas apresenta-se como indispensável. Isso sugere novas relações com o tempo e com o conhecimento.

No que tange ao tempo, Bauman evidencia a emergência de uma relação episódica. Diferentemente dos séculos anteriores, quando o tempo era percebido de forma contínua, acumulativa e direcional, a Contemporaneidade delineia-se em uma dimensão fragmentária, "episódica", na acepção do autor. Sob tais condições, argumenta-se que "cada episódio tem apenas a si mesmo para fornecer todo o sentido e objetivo de que precisa ou que é capaz de reunir para manter-se no rumo e terminá-lo" (Bauman, 2008, p. 163).

Outra relação diz respeito ao próprio conhecimento, matéria-prima da atividade do ensino, que garantia a estabilidade dos processos de formação humana (*Bildung*), através da transmissão cultural. A legitimidade da *Bildung* é questionada, dentre outros motivos, pela predominância de concepções instrumentalistas, demarcadas pelo treinamento ocupacional.

Sob tais circunstâncias, o treinamento profissional de curto prazo, *ad hoc*, administrado pelos empregadores e orientado diretamente para os empregos em vista, ou os cursos flexíveis e os (rapidamente utilizados) kits "aprenda sozinho" oferecidos no mercado pela mídia extra-universitária, tornam-se atrativos (e, na verdade, uma escolha mais razoável) do que uma educação universitária totalmente nova, que não é mais capaz de prometer, muito menos garantir, uma carreira vitalícia (Bauman, 2008, p. 168).

Nessa direção, constatamos um direcionamento nas políticas educacionais para o Ensino Médio, atrelando-as a uma lógica de desenvolvimento econômico (Tello; Mainardes, 2014). Porém, em nossa perspectiva, esse direcionamento também materializa-se nas escolhas curriculares que são realizadas nessa etapa da educação, fortalecendo uma lógica centrada nas inovações pedagógicas. Inovar torna-se um imperativo educacional do nosso tempo, na medida em que o estudante é aproximado da condição de um cliente (Sibilia, 2012), o conhecimento adquire uma conotação competitiva (Laval, 2004) e a formação humana é reduzida a treinamento ocupacional (Bauman, 2008). Explorando a hipótese de Laval, realizaremos algumas digressões históricas situando a emergência dessa lógica das inovações em um dos principais economistas do século XX.

A economia das inovações de Schumpeter: algumas digressões

A imagem do culto ao novo ou uma aposta otimista na criatividade não são figuras desconhecidas ao longo do tempo. Diferentes setores, grupos sociais, movimentos políticos ou empresariais já defenderam essas questões. Entretanto, na atualidade, a inovação apresenta-se como fundamental para o próprio desenvolvimento capitalista (Fontenelle, 2012). Do ponto de vista organizacional, percebemos a

CUSTOMIZAÇÃO CURRICULAR NO ENSINO MÉDIO

predominância de diferentes formas de gestão, nas quais, com maior ou menor intensidade, "a inovação está atrelada à concepção de utilidade — é criatividade posta em prática — e, mais propriamente, significa criatividade posta a serviço do processo de criação de valor para as organizações" (Fontenelle, 2012, p. 101). Nessas condições, deparamo-nos com um contexto no qual tornou-se "impossível discordar" do aparato discursivo que coloca a inovação como princípio explicativo (Laval, 2004).

Do ponto de vista curricular, temos encontrado variados resultados de pesquisa que se aproximam dessa consideração. Fabris e Dal'Igna (2013) descrevem os processos de fabricação de uma docência inovadora no contexto de um programa de formação inicial de professores no Brasil. Examinando o Ensino Médio no Brasil, Silva (2011) assinala a constituição da inovação como uma atitude pedagógica permanente para a docência nesta etapa da educação básica. Para delinear os modos pelos quais essa lógica das inovações foi sendo engendrada ao longo do século XX, faremos algumas digressões históricas, buscando conhecer o cenário das doutrinas econômicas daquele período. Antes disso, cabe uma ressalva: reconhecemos que o capitalismo contemporâneo apresenta outros delineamentos e enfrenta novas contingências, diferentes do contexto da primeira metade do último século.

A lógica da inovação permanente[4], característica do capitalismo contemporâneo, pode ter sua emergência localizada no pensamento econômico de Joseph Schumpeter (Fontenelle, 2012; Laval, 2004). O economista austríaco, atuante em universidades estadunidenses desde a década de 1930, desenvolveu importantes contribuições ao estudo dos ciclos econômicos (Drouin, 2008). A transição entre os diferentes ciclos econômicos (longo, médio e curto), descritos e caracterizados pelo autor, seria produzida através do vetor das inovações. "O estímulo

---

4. De acordo com Drouin (2008), o pensamento econômico de Schumpeter gira "em torno de uma inovação motriz [que] é o motor do crescimento econômico, na medida em que ele condiciona o investimento, o emprego e a demanda dos consumidores" (p. 144).

para o início de um novo ciclo econômico viria principalmente das inovações tecnológicas introduzidas por empresários empreendedores" (Sandroni, 1999, p. 547). Sob essa argumentação, as mudanças de ciclo seriam advindas de processos inovadores.

De acordo com Sandroni (1999), em um reconhecido dicionário de Economia, o pensamento schumpeteriano remete-se à importância dos empresários empreendedores. "Sem empresários audaciosos e suas propostas de inovação tecnológica, a economia manter-se-ia numa posição de equilíbrio estático" (Sandroni, 1999, p. 547). As inovações tecnológicas, então, ocupariam um espaço privilegiado.

> Por "inovações tecnológicas", Schumpeter entende cinco categorias de fatores: a fabricação de um novo bem, a introdução de um novo método de produção, a abertura de um novo mercado, a conquista de uma nova fonte de matérias-primas, a realização de uma nova organização econômica, tal como o estabelecimento de uma situação de monopólio (Sandroni, 1999, p. 547).

Em um exercício de sistematização, Sandroni (1999) indica que uma das principais formulações de Schumpeter é a de "ocasiões de investimento", situação central para o desenvolvimento econômico. O pensamento do autor opera na perspectiva de produzir novos mercados, esboçados pela captação de oportunidades[5], os quais são induzidos pela inovação. Ainda que Marx já houvesse afirmado anteriormente que o capitalismo progride através de crises, destruindo forças produtivas, o pensamento schumpeteriano indica que o capitalismo avança pela dinâmica das inovações fabricadas pela ação dos empreendedores, como assinalamos anteriormente. Com essa abordagem, influente na Contemporaneidade, a ênfase nas práticas capitalistas é deslocada do capital ou do trabalho para a permanente abertura de novas oportunidades. Ampliaremos essa abordagem a

---

5. Essa abordagem é diferente daquela proposta atualmente pela leitura de Amartya Sen, a qual busca articular economia e ética (Kerstenetzky, 2000).

seguir com essa breve incursão histórica pelo pensamento econômico de Schumpeter.

A investigação econômica desenvolvida por Schumpeter considera como centrais as mudanças revolucionárias ocorridas no interior de um determinado período (Drouin, 2008). O problema do desenvolvimento econômico, tal como teorizado pelo autor, distancia-se de modelos interpretativos tradicionais, na medida em que entende por desenvolvimento "apenas as mudanças da vida econômica que não lhe forem impostas de fora, mas que surjam de dentro, por sua própria iniciativa" (Schumpeter, 1997, p. 74). O fenômeno não seria justificado, então, por questões estritamente econômicas, mas seria conduzido por mudanças desencadeadas no mundo não econômico, ou seja, o mundo social mais amplo.

O desenvolvimento não seria equivalente ao crescimento econômico, na acepção schumpeteriana, porque o crescimento econômico não suscita novos acontecimentos, mudanças de dados ou novos direcionamentos. Isso se faz importante, do ponto de vista da reconstrução do pensamento do autor, na medida em que "todo processo de desenvolvimento cria os pré-requisitos para o seguinte" (Schumpeter, 1997, p. 74). Como todo processo de desenvolvimento alicerça-se no anterior, a criação de novos direcionamentos poderia ocorrer permanentemente, distanciando-se da estabilização ou do equilíbrio. No limite, Schumpeter entende o desenvolvimento como "uma mudança espontânea e descontínua nos canais do fluxo, perturbação do equilíbrio, que desloca e altera para sempre o estado de equilíbrio previamente existente" (Schumpeter, 1997, p. 75). Em outras palavras, o desenvolvimento corresponderia a permanente busca por inovações.

Tal como os economistas clássicos, o autor considera a importância do atendimento às necessidades dos consumidores ou às demandas de um determinado mercado. Porém, em seu prisma econômico, são os produtores os responsáveis pela indução da mudança econômica, através da permanente criação de "novas combinações". Os consumidores, nesse entendimento, são "ensinados a querer coisas novas, ou coisas que diferem em um aspecto ou outro daquelas que tinham o hábito de usar" (p. 76). Considerar as demandas dos consumidores, mas permanentemente conduzi-los a atitudes diferentes[6]. Ao referir a noção de "novas combinações", Schumpeter remete-se tanto ao desenvolvimento de empresas novas, quanto ao redimensionamento dos meios já existentes.

> O lento e contínuo acréscimo no tempo da oferta nacional de meios produtivos e de poupança é obviamente um fator importante na explicação do curso da história econômica através dos séculos, mas é completamente eclipsado pelo fato de que *o desenvolvimento consiste primariamente em empregar recursos diferentes de uma maneira diferente*, em fazer coisas novas com eles, independentemente de que aqueles recursos cresçam ou não (Schumpeter, 1997, p. 78. Grifos nossos).

Ainda que fatores convencionais como o crédito sejam relevantes, Schumpeter prefere observar a produção das inovações através da noção de "empreendimento". Em sua abordagem, "chamamos 'empreendimento' à realização de combinações novas", assim como "chamamos 'empresário' aos indivíduos cuja função é realizá-las" (Schumpeter, 1997, p. 83). Os empreendimentos, então, são conduzidos por empresários capazes de realizar novas combinações. O empresário descrito por Schumpeter não pode ser confundido com o capitalista (detentor de capital, na economia clássica); mas, antes disso, associa-se a uma função ou atitude.

A realização de novas combinações, enquanto atribuição do empresário, apresenta-se como uma função especial. "Portanto, finalmente, os empresários são um tipo especial, e seu comportamento um problema especial, a força motriz de um grande número de fenômenos significativos" (Schumpeter, 1997, p. 88-89). Articulado ao comportamento

---

6. Este cenário radicaliza-se quando podemos constatar que, atualmente, os próprios consumidores são capazes de produzir valor para as marcas. Lembra-nos Fontenelle (2015) de que "o fenômeno do *prosumption/prosumer*, analisado neste contexto, aponta para uma possível reconfiguração do trabalho abstrato, pois a atividade do *prosumer* pode ser compreendida exatamente como uma forma expandida de valor abstrato" (p. 90).

empresarial, Schumpeter posiciona a busca de novos conhecimentos, capazes de aproximar um negócio de um estágio de perfeição.

> Seguramente suas próprias intenções nunca são realizadas com perfeição ideal, mas, em última instância, o seu comportamento é moldado pela influência exercida sobre ele pelos resultados de sua conduta, de modo a adequar-se a circunstâncias que, via de regra, não mudam subitamente. Se um negócio não pode nunca ser absolutamente perfeito em qualquer sentido, pode, com o tempo, aproximar-se de uma relativa perfeição, considerando-se o mundo ao redor, as condições sociais, o conhecimento do momento e o horizonte de cada indivíduo ou de cada grupo. Novas possibilidades continuamente são oferecidas pelo mundo circundante, em particular descobertas novas são continuamente acrescentadas ao estoque de conhecimento existente (Schumpeter, 1997, p. 87).

Na constituição das inovações, na argumentação oferecida por Schumpeter, outro aspecto relevante diz respeito ao desenvolvimento da liderança. A figura do líder, parte de uma força de vontade (aproximada à liberdade mental), na qual faz-se indispensável para produzir "oportunidade e tempo para conceber e elaborar a combinação nova e resolver olhá-la como uma possibilidade real e não meramente como um sonho" (Schumpeter, 1997, p. 93). O tipo empresarial de liderança é obstinado pela busca do sucesso, em que busca agarrar "a chance imediata e nada mais" (Schumpeter, 1997, p. 95). Ou seja, a liderança do empresário schumpeteriano alicerça-se em duas disposições, a saber: o desejo de conquistar e a alegria de criar.

De acordo com o economista, o desejo de conquistar materializa-se em determinada sensação de poder e pelo instigante desejo de competir.

> [Busca-se] o impulso para lutar, para provar-se superior aos outros, de ter sucesso em nome não de seus frutos, mas do próprio sucesso. Nesse aspecto, a ação econômica torna-se afim do esporte — há competições financeiras, lutas de boxe. O resultado financeiro é uma consideração secundária, ou, pelo menos, avaliada principalmente como índice de

sucesso e sinal de vitória, cuja exibição mui frequentemente é mais importante como fator de altos gastos do que o desejo dos bens de consumo em si mesmos (Schumpeter, 1997, p. 98-99).

A outra disposição próxima ao desejo de conquistar é a alegria de criar que, segundo Schumpeter, é a vontade de fazer coisas novas, ou "simplesmente de exercitar a energia e a engenhosidade" (Schumpeter, 1997, p. 99). O motor do desenvolvimento econômico, nessa perspectiva, regozija-se com a "aventura" e suas possibilidades. O empresário schumpeteriano busca, enfim, permanentemente as inovações, entendidas como empreendimentos capazes de fabricar novas combinações, induzindo processos de mudança através de duas disposições inscritas em seu comportamento: o desejo de conquistar e a alegria de criar.

Tal como assinalamos na primeira seção deste capítulo, há uma tendência contemporânea em atribuir centralidade, nas políticas curriculares para o Ensino Médio, para as questões da inovação pedagógica e para o desenvolvimento de habilidades. Compreendendo que essa perspectiva é derivada de determinada forma de pensamento econômico, desenvolvida ao longo do século XX, revisitamos nessa seção o pensamento de Schumpeter para estabelecer uma aproximação com algumas de suas noções. Destacaram-se o desejo de conquistar e a alegria de criar como aportes fundamentais para a formação humana, nas condições emergentes do capitalismo contemporâneo. Tomando como ponto de ancoragem os diagnósticos explicitados até este momento, a seguir são explicitados alguns dos pressupostos que orientam nossa leitura acerca das políticas curriculares para o Ensino Médio.

Políticas para o Ensino Médio em exame: pressupostos investigativos

Ao examinar as políticas educacionais para o Ensino Médio, em uma perspectiva sociológica, a literatura contemporânea tem indicado uma dificuldade em democratizar o acesso aos diferentes setores da população (Tiramonti, 2012). Mais que isso, sugere-se que as escolas podem ser lidas como "máquinas seletivas que se encontram frente a necessidade de forçar suas práticas para responder a uma exigência que é contrária a seu mandato de constituição institucional" (Tiramonti, 2012, p. 165). Nessa direção, a literatura sugere que tais instituições, de uma maneira geral, "não proveem os alunos de apoios que lhes permitam, caso seja necessário, neutralizar as distâncias existentes entre seus recursos de origem e aqueles que a escola lhe exige" (p. 177). Em outras palavras, podemos diagnosticar as dificuldades escolares em construir alternativas curriculares que sejam capazes de problematizar tais diferenças.

De acordo com a socióloga argentina, a crise da escola enquanto instituição pode ser articulada com a ressignificação do papel do Estado, ao longo das últimas duas décadas. Tal argumento justifica-se pelo reconhecimento do Estado como "uma figura chave na construção de um espaço de sentido para o conjunto dos indivíduos e das instituições" (Tiramonti, 2005, p. 892). Ou seja, a escola esteve diretamente envolvida na constituição do Estado moderno.

> A escola esteve duplamente associada à criação deste espaço comum: por um lado, como portadora de uma proposta universalista que expressava o conjunto dos valores, dos princípios e das crenças em que se fundamentava a "comunidade", a que deviam incorporar-se as novas gerações e, por outro, como dispositivo de regulação social e, em consequência, como instrumento de governabilidade (Tiramonti, 2005, p. 892).

Para estabelecermos um primeiro campo de problematização acerca das atuais políticas curriculares engendradas no contexto brasileiro, no que se refere especificamente ao Ensino Médio, buscaremos elementos de abordagens políticas pluralistas, valendo-nos tanto de aportes teórico-críticos, quanto pós-estruturalistas. Do ponto de vista metodológico, importa enaltecer, lançaremos mão da noção de "análise de redes políticas", levada adiante por diferentes campos da teoria social contemporânea; mas, nesse caso em particular, buscarei uma aproximação aos estudos de Ball (2014). Reposicionar o Estado no âmbito das análises políticas, de acordo com esse sociólogo, sugere que não o pensemos somente sob a lógica das hierarquias, mas de acordo com seus novos parâmetros e localidades — as "heterarquias".

Buscando descrever densamente a composição de novas redes políticas, em um tipo específico de exercício etnográfico (Howard, 2002), precisamos dimensioná-las no âmbito dos modos de governança em ação. Ao reconhecermos que as políticas são engendradas para além dos Estados-Nação, bem como extrapolam os tênues limites entre o público e o privado, parece-nos conveniente afirmar que "a rede é um modo-chave e um dispositivo analítico dentro dessa reorientação da atenção como um tipo de tecido conectivo que se junta e dá alguma durabilidade a essas formas distantes e fugazes de interação social" (Ball, 2014, p. 29). Em linhas gerais, as redes políticas explicitam tipos específicos de agenciamentos, movimentos e governança.

Tornou-se recorrente, sob essa gramática política, que tais formas de governança operem globalmente disseminando práticas exemplares, que garantiriam avanços nos indicadores educacionais dos países. As "boas práticas" sinalizam um aspecto importante que é a "mobilidade das políticas", noção que se apresenta significativa para a descrição da nova governança.

> Isto é, eu sugiro que as políticas movam-se pelas redes de relações sociais ou de agenciamentos e sejam adaptadas por elas, envolvendo participantes diversos, com uma variedade de interesses, de compromissos, de finalidades e de influências, os quais são unidos por subscrição de um conjunto discursivo, que circula dentro dessa rede de relações e é legitimado por ela (Ball, 2014, p. 34).

Para explicar essas novas relações entre Estados, nova governança e políticas educacionais, Ball (2013) faz uso da noção de "heterarquia", como sinalizado antes. De acordo com o sociólogo, "ela substitui ou combina burocracia, e estruturas e reações administrativas com um sistema de organização repleto de sobreposições, multiplicidade, ascendência mista e/ou padrões de relação 'divergentes-mas-coexistentes'" (p. 178). As heterarquias, então, ao combinar hierarquias e redes, produz reorientações para o processo político, de modo que produza otimizações, através de "diferentes critérios de sucesso" (Ball, 2013, p. 178). Importa explicar aqui que isto não significa um esvaziamento do potencial político do Estado; mas, antes disso, "é uma nova modalidade de poder público, agência e ação social e, na verdade, uma nova forma de Estado" (p. 180).

Direcionados, metodologicamente, pela possibilidade de descrever redes políticas em ação, apresentaremos a seguir uma análise de quatro documentos, produzidos por agências multilaterais, destinados a orientar as reformas curriculares na América Latina. Adquire maior visibilidade uma concepção criativa e inovadora da formação humana, que seja promotora de capacidades e oportunidades e, ao mesmo tempo, responsável pela constituição de sujeitos protagonistas para uma comunidade de aprendentes. Que concepções de currículo e de formação juvenil são agenciados quando a inovação adquire um estatuto privilegiado? Como podemos caracterizar o desenvolvimento curricular em um contexto que privilegia as noções de "capacidades" e "oportunidades"?

Entre capacidades e oportunidades: políticas curriculares para o Ensino Médio em questão

No ano de 2011, a Comissão Econômica para a América Latina e Caribe (CEPAL) publicou um documento intitulado "Invertir en juventud", através do qual seu informe regional atribuía centralidade aos necessários investimentos a serem realizados sobre a juventude latino-americana e caribenha. Em seu prefácio sinalizava que tal objetivo apresentava-se de modo relevante na medida em que a região percebia tais investimentos como uma oportunidade e, ao mesmo tempo, uma necessidade. O investimento na juventude era dimensionado como uma oportunidade na medida em que a região demonstra, atualmente, um período de transição demográfica, no qual a quantidade significativa de pessoas acima dos quinze anos representaria um "bônus" para o desenvolvimento econômico e social. Tal como evidencia o documento, este bônus demográfico representaria "uma tremenda janela de oportunidades para os países, pois significa uma maior proporção de população com capacidade para *trabalhar, produzir, poupar e investir*" (CEPAL, 2011, p. 6).

Da mesma forma, o investimento em juventude era evidenciado como uma necessidade. Esse argumento justificava-se devido ao fato de que o "bônus demográfico" não duraria para sempre, ou seja, era necessário aproveitar o bom momento para acumular rendimentos para garantir os custos do futuro (representado por pensões, aposentadorias etc.). Outro aspecto da necessidade referia-se à promoção de coesão e desenvolvimento social, combatendo as grandes desigualdades existentes na região. Com o desafio colocado, o documento assinalava sua urgência.

> *A juventude não pode esperar:* requer uma *oferta de possibilidades de desenvolvimento de suas potencialidades e de suas perspectivas de mobilidade social e ocupacional ao longo do ciclo de vida,* que permitam fortalecer seu sentido de pertencimento. E que seja esta a geração de jovens que consiga reverter a reprodução da desigualdade e da pobreza ao longo de seu ciclo de vida (CEPAL, 2011, p. 6-7. Tradução e grifos nossos).

O desafio colocado na composição do documento diz respeito à produção de investimentos na juventude, tanto em uma perspectiva individual quanto coletivamente[7]. Assume-se um compromisso político

---

7. Acerca desta questão, Silva (2016, p. 180) argumenta que "a necessidade de aumentar a competitividade dos indivíduos para manterem-se ativos no mercado profissional, a perspectiva de ampliar os níveis de capital humano da sociedade brasileira de modo a torná-la mais apta aos investimentos internacionais, assim como a relevância de produzir uma escola atraente e inovadora para que os jovens nela permaneçam, protegendo-se dos riscos e perigos de uma

em desenvolver políticas que produzam oportunidades e desenvolvam capacidades nos jovens latino-americanos e caribenhos. Nas palavras do prefácio do documento citado, "a capacidade para aproveitar o potencial de sua população jovem, agora, é o que definirá o futuro dos países" (CEPAL, 2011, p. 7). Sugere-se que o investimento na juventude implica em reconhecê-la como uma protagonista do desenvolvimento regional, desde que tenha seus direitos garantidos e que receba uma educação promotora de capacidades e oportunidades.

A composição dessa agenda de investimentos na escolarização juvenil também pode ser visibilizada em um documento publicado pelo Banco Mundial, no período anterior ao processo eleitoral ocorrido no Brasil no ano de 2014, visando sinalizar recomendações para o novo ministro da educação que assumiria no país. Ao apontar os resultados obtidos pelo Brasil nas últimas duas décadas, o documento "Atingindo uma educação de nível mundial no Brasil: próximos passos" posiciona de forma positiva "a onda de reformas inovadoras", em curso no país nos diferentes níveis. Tais inovações, atreladas à inserção da educação nacional em um mundo competitivo e a consolidação das avaliações de larga escala, obteriam maior relevância e produtividade na medida em que investissem em novas habilidades, mais apropriadas para o século iniciante.

Com ênfase no mercado de trabalho, o documento produzido na referida organização econômica assinala um conjunto de proposições formativas destinadas à próxima geração de trabalhadores brasileiros. Dentre outras proposições, destacam-se a necessidade de "formandos com a *capacidade de pensar analiticamente,* fazer *perguntas críticas, aprender novas habilidades,* e operar com *alto nível de habilidades interpessoais* e de comunicação, inclusive com *o domínio de idiomas estrangeiros* e a capacidade de *trabalhar eficazmente em equipes"* (Banco Mundial, 2014, p. 3. Grifos nossos). Tais "habilidades do século XXI" seriam desenvolvidas em todas as etapas da escolarização; entretanto, o Ensino Médio

---

sociedade em crise, irrompiam com grande força dos diferentes setores da sociedade que se propunham a divulgar esse novo ideário".

seria um alvo prioritário na medida em que priorizasse o equilíbrio entre a formação acadêmica e formação profissional, como sinaliza o excerto a seguir.

> Alguns rumos promissores que poderiam ser tomados para a melhoria do ensino médio no Brasil podem ser agrupados nas seguintes categorias: estratégias universais (*reforma de currículo e de treinamento*, grandes investimentos em infraestrutura para um *dia escolar mais longo* e *eliminar o ensino noturno*, melhoria da qualidade de professores); escolas de demonstração (escolas de ensino médio de tempo integral e com bastante recursos que *tanto testam inovações, quanto demonstram que escolas secundárias de alta qualidade são viáveis*); e parcerias público-privadas no ensino técnico e vocacional (para *garantir uma fácil transição para o mercado de trabalho* para os formandos do ensino médio que não continuam o ensino superior, através da *orientação do conteúdo vocacional do currículo para as habilidades que estão em demanda local. O setor privado também está apoiando a gestão escolar baseada em resultados* (Banco Mundial, 2014, p. 7-8. Grifos nossos).

Esse investimento nas habilidades do século XXI também pode ser encontrado em um documento publicado pela Unesco, no ano de 2014, direcionado para as economias emergentes de Brasil, Rússia, Índia, China e África do Sul. Intitulado "BRICS: construir a educação para o futuro", o documento compila orientações para impulsionar o desenvolvimento educacional desses países, estimulando a cooperação internacional e servindo de exemplo a outras economias em desenvolvimento. Mesmo que os BRICS tenham obtido significativo avanço educacional nas últimas décadas, o documento da Unesco lista uma série de questões a serem examinadas pelos referidos países, entre as quais destacam-se a ênfase na educação básica, na educação superior e no desenvolvimento de habilidades.

No que tange à escolarização juvenil, foco de nosso estudo, nota-se um conjunto de esforços na direção de investir em habilidades econômicas, dirigidas para ampliar o desenvolvimento e a diversificação dos setores produtivos, como assinala o excerto a seguir.

Os BRICS devem criar *sistemas de desenvolvimento de habilidades complexas* para diversificar sua base econômica, reduzir sua dependência da exportação de matérias-primas, agregar mais valor a seus produtos e serviços e, por fim, *promover inovação e novas atividades econômicas*. Para isso, as principais prioridades são: *definir ou implementar quadros nacionais de qualificação* (QNQ) para, assim, facilitar o reconhecimento da formação informal e da experiência de trabalho; *expandir e modernizar a trajetória técnica e profissional do ensino secundário e superior;* e fornecer incentivos para que as empresas formem seus trabalhadores. Os *BRICS devem expandir os programas de formação que têm como alvos jovens e adultos carentes* (Unesco, 2014, p. 11. Grifos nossos).

O documento ainda reforça a importância de os países dos BRICS participarem de uma tendência mundial de construção de políticas para o desenvolvimento de habilidades. Isso se materializaria através do preenchimento de uma lacuna nas relações entre educação e trabalho, na medida em que prevejam "uma ampla gama de habilidades necessárias para o crescimento econômico e os diversos canais por meio dos quais essas habilidades podem ser adquiridas, como a formação técnica inicial e a educação profissional, a educação superior, o treinamento contínuo e o incentivo a um local de trabalho que promova a aprendizagem" (Unesco, 2014, p. 44). Há, então, uma compreensão de melhorar a qualidade e a relevância das habilidades adquiridas na escolarização; sobretudo, ajustando-as às demandas dos mercados de trabalho.

Para além da ênfase no desenvolvimento das habilidades, por meio da promoção de capacidades e oportunidades, o investimento no Ensino Médio adquirirá nuances específicas no documento "Protótipos curriculares de Ensino Médio e Ensino Médio Integrado", publicado pela Unesco no Brasil, no ano de 2011. Nesse texto político, os pressupostos indicados nos documentos anteriores tomarão uma conotação curricular, especificando caminhos e possibilidades de intervenção. Nos "Protótipos curriculares" encontraremos uma produtiva articulação entre a ênfase nas oportunidades econômicas e uma centralidade nas inovações pedagógicas. Em torno disso, reitera-se a valorização das atividades dos estudantes e o desenvolvimento de seu protagonismo.

> A escola é a unidade social e o ambiente de trabalho mais conhecido, próximo e comum a todos os estudantes. *É um bom ponto de partida para a experimentação e o exercício dos processos de investigação* (pesquisa) e de *atividades individuais e coletivas de transformação* (trabalho) que exigirão *o protagonismo dos jovens e dos professores* na construção e no desenvolvimento de uma *comunidade de aprendizagem* (Unesco, 2011, p. 11. Grifos nossos).

Os protótipos sinalizam a urgência de apostar em "formas didáticas que privilegiam a atividade do estudante no desenvolvimento de suas capacidades e na construção do seu conhecimento" (Unesco, 2011, p. 15). A inovação é assumida como característica fundamental dos currículos propostos, na medida em que, em sua percepção, "a metodologia centrada na exposição do professor e na transmissão de conteúdos ou conhecimentos acabados e descontextualizados é colocada em um segundo plano" (Unesco, 2011, p. 15). Outro deslocamento visibilizado nos protótipos diz respeito aos conhecimentos escolares a serem selecionados que são substituídos "pela definição de atividades de aprendizagem" (p. 22). Assim, encontramos uma centralidade das práticas desenvolvidas pelos próprios estudantes.

De forma objetiva, assinalamos que, ao longo deste capítulo, procuramos atribuir visibilidade para o direcionamento contemporâneo das políticas curriculares para o Ensino Médio rumo ao desenvolvimento de capacidades como um imperativo curricular, associado ao protagonismo juvenil como objetivo pedagógico. Esse cenário é reforçado nas condições pedagógicas do nosso tempo, na medida em que prioriza a inovação como atributo indispensável, da mesma forma que potencializa uma concepção de conhecimento centrada na capacidade de competir e reduz a formação humana a "treinamento ocupacional" (Bauman, 2008). O arranjo capitalista atual, materializado no pensamento schumpeteriano, ao favorecer a inovação e a criatividade, dá condições para uma busca permanente de "novas combinações", desencadeadas a partir de dois pressupostos basilares: o desejo de conquistar e a alegria de criar.

Por intermédio de leitura crítica de quatro documentos orientadores para as políticas de Ensino Médio, publicados por agências multilaterais e destinados ao contexto latino-americano, conseguimos constatar que, quando a inovação passa a adquirir um estatuto privilegiado, a escolarização juvenil começa a ser regida pelas noções de capacidades e oportunidades. Posicionadas enquanto um investimento econômico, a composição dos currículos escolares e a seleção dos conhecimentos escolares tomam como alvo as subjetividades dos estudantes, fazendo com que eles próprios construam seus itinerários formativos de forma customizada. Importa reiterar, todavia, que ao mesmo tempo em que priorizam uma intensificação do desempenho individual, tendem a acionar, de modo ambivalente, precarização permanente. No próximo capítulo, seguiremos examinando as políticas curriculares para o Ensino Médio, produzindo diagnósticos sobre sua vinculação a determinadas racionalidades políticas no contexto de uma sociedade das capacitações.

CAPÍTULO 3

Currículo e conhecimento escolar na sociedade das capacitações:
o Ensino Médio em perspectiva

> *É claro que, para que os indivíduos logrem ajustar-se e competir no ambiente em rápida evolução que caracteriza o mundo contemporâneo, necessitam de um repertório de habilidades para a vida que inclui, entre outras, habilidades analíticas e de resolução de problemas, criatividade, flexibilidade, mobilidade e empreendedorismo* (Unesco, 2008, p. 10).

Ao longo dos últimos anos, estamos acompanhando uma ampliação significativa de novos diagnósticos acerca do Ensino Médio brasileiro. Um desses indicadores, o Censo Escolar da Educação Básica, já no ano de 2011, desenvolvido pelo Instituto Nacional de Estudos e Pesquisas Educacionais Anísio Teixeira (INEP), apontava que a taxa de reprovação era de 13,1%, considerado como o maior índice desde o ano de 1999. Paralelamente, ainda apontou-se que o índice de abandono escolar estava em 11,8%. O desempenho escolar também foi posicionado como problemático, visto que, conforme os referidos indicadores, 89% dos estudantes brasileiros não apresentavam desempenho suficiente em matemática e 71% não demonstraram um domínio fluente da língua portuguesa. Para além da urgência e da complexidade do tratamento dessa realidade educacional, que adquire centralidade nas pautas educacionais de nosso país, multiplicam-se novos programas e políticas educacionais que buscam produzir ações objetivas sobre essa etapa da educação básica. Vale recordar, brevemente, os Protótipos Curriculares para o Ensino Médio, publicados pela Unesco em 2011; o Programa Ensino Médio Inovador (PROEMI), criado pelo Ministério da Educação em 2009; e o Ensino Médio Politécnico, recente reformulação curricular implementada pelo Estado do Rio Grande do Sul.

Ampliando o escopo dessa argumentação, nessa mesma direção, destaca-se que as últimas duas décadas assinalaram um intenso conjunto de reformas nas políticas de escolarização, em geral, e nas políticas de currículo, em particular (Ball, 2010; Ball; Mainardes, 2011). Com a intenção de atender a educação básica, ressignificando-a para um mundo em permanentes mudanças, inúmeras dessas reformas tomaram o currículo como alvo privilegiado para o desencadeamento de novas possibilidades de organização da vida em sociedade (Popkewitz, 2009; Veiga-Neto, 2008; Lopes; Macedo, 2011). Desde a emergência de novas diretrizes curriculares, passando pela consolidação de modelos de avaliação de larga escala, as políticas de currículo estiveram na ordem do dia. Tal cenário não se circunscreveu apenas ao espaço brasileiro, uma vez que pesquisadores de diferentes países e diferentes perspectivas teóricas têm assinalado a relevância social e acadêmica de considerarmos essas questões (Muller, 2003; Young, 2007; Moreira; Candau, 2008; Silva, 2014).

Sob a égide das condições políticas do capitalismo contemporâneo, pode-se notar um amplo campo discursivo que situa os currículos escolares no interior de novas gramáticas políticas e pedagógicas. Questões como a formação de capital humano, como a garantia de formação cidadã e a equidade social, assim como a competitividade do país, intensificaram-se nos argumentos públicos de defesa das reformas escolares (Dale; Robertson, 2011; Ball, 2010). Em uma sociedade globalizada e delineada por uma economia movida a conhecimento, os currículos escolares estabeleceram-se a partir de outro perfil formativo, a saber: um sujeito inovador, pró-ativo e empreendedor (Grinberg, 2006; Silva, 2011; Gadelha, 2009).

Para a compreensão analítica deste cenário, o sociólogo Richard Sennett (2006) sugere que estejamos inseridos em uma "sociedade das capacitações". Tal arranjo social parte da crise das instituições contemporâneas e da multiplicação das desigualdades econômicas; entretanto, sugere a formação de "uma individualidade voltada para o curto prazo, preocupada com as habilidades potenciais e disposta a abrir mão das experiências passadas" (Sennett, 2006, p. 14). Interessa aos processos de formação humana a obtenção de resultados rápidos e flexíveis, assim como a busca por talentos que se reinventem a todo momento. Para essa reinvenção permanente, Sennett sugere que utilizemos a expressão "capacitação", entendida como "a capacidade de fazer algo novo, em vez de depender do que já se havia aprendido" (p. 93-94). Os arautos de uma cultura do novo capitalismo, marcada pela instabilidade permanente, defendem que a formação dos sujeitos não deve estar alicerçada em conhecimentos estáticos e estanques, mas em processos permanentes de capacitação.

Partindo desse campo de argumentação, ainda que consideremos as condições e demandas curriculares da educação secundária em nosso país, tomaremos como foco deste capítulo as estratégias de regulação política e econômica que perfazem a constituição contemporânea do conhecimento escolar no Ensino Médio brasileiro. Para tanto, realizaremos uma análise textual de dois documentos publicados recentemente pela Unesco, com grande repercussão no Brasil, *Reforma da Educação Secundária: rumo à convergência entre a aquisição do conhecimento e o desenvolvimento de habilidade* (2008) e *Protótipos curriculares de Ensino Médio e Ensino Médio Integrado* (2011). Ambos os textos influenciaram diretamente os processos de diagnóstico, planejamento e implementação das políticas curriculares para o Ensino Médio no Brasil, ao mesmo tempo em que visibilizam as pautas formativas de uma sociedade das capacitações, conforme evidenciamos anteriormente. Estabelecendo uma interlocução com a argumentação proposta por Richard Sennett (2006), descreveremos os modos pelos quais a constituição do conhecimento escolar no Ensino Médio em nosso país desloca-se de uma concepção marcada pela perícia, típica do capitalismo industrial, para outra ancorada na meritocracia. A epígrafe com a qual abrimos este capítulo sinaliza alguns desses novos direcionamentos curriculares. A apresentação desse deslocamento pode ser evidenciada na descrição de dois sistemas de raciocínio pedagógico emergentes na cultura do novo capitalismo, a saber: o objetivo pedagógico da formação de personalidades produtivas e a organização curricular do Ensino Médio como uma comunidade de aprendizagem.

Para o desenvolvimento da agenda proposta, esta seção estará organizada em três partes. Na primeira parte, estabeleceremos um campo de problematização acerca das relações entre currículo e conhecimento escolar no Ensino Médio brasileiro. Posteriormente, na segunda parte, descreveremos os documentos que serão analisados, ao mesmo tempo em que apresentaremos a abordagem teórico-metodológica que orientou a elaboração deste estudo. Ao final, na terceira parte, comporemos alguns exercícios analíticos em torno da constituição do conhecimento escolar no Ensino Médio no cenário de uma sociedade das capacitações.

Ensino Médio e o conhecimento escolar: problematizações

O debate acerca do Ensino Médio no Brasil tem estado na ordem do dia. Vale recordar que a partir do final dos anos 1990, iniciam-se intensos movimentos internacionais de reformas e novas possibilidades organizativas para esse nível de ensino. Sob a influência da Unesco e do Banco Mundial, dentre outras agências multilaterais, o país publicou a nova Lei de Diretrizes e Bases da Educação Nacional (Lei n. 9.394/96), assim como um conjunto de novas normativas curriculares. Sob diferentes perspectivas, os estudos na área evidenciaram a possibilidade imediata de mudanças nessa etapa da Educação Básica, ora delineando seu significado nas novas dinâmicas econômicas dos anos 1990, ora apontando a urgência em superar o caráter dualizante da formação dos estudantes ou, ainda, apontando o Ensino Médio como espaço de proteção social para as juventudes. Em geral, essas proposições colocavam o currículo escolar e as práticas docentes, em suas políticas e práticas, como alvos privilegiados para mudanças (Souza, 2008).

Em decorrência de nossa trajetória investigativa, assim como da centralidade do Ensino Médio na agenda política nacional e internacional, atribuímos ênfase neste estudo à demanda de retomarmos, analiticamente, o conhecimento escolar como objeto de estudo curricular (Moreira, 2005; Silva; Pereira, 2013). Internacionalmente, autores como Young (2007; 2011), Muller (2003), Popkewitz (2009), Dussel (2009) e Charlot (2009), de perspectivas teóricas diferentes, têm apontado a necessidade de retomarmos investigações acerca da produção do conhecimento escolar, visto que, possivelmente, as atuais políticas de currículo "dizem muito pouco sobre o papel do próprio conhecimento na educação" (Young, 2011, p. 395). Segundo esses autores, o lugar ocupado pelo conhecimento escolar nas reformas contemporâneas de escolarização evidencia um amplo deslocamento das funções sociais da instituição escolar. Tal deslocamento estaria conduzindo a uma ressignificação das políticas de produção do conhecimento escolar (Young, 2007).

Quanto ao cenário brasileiro dos estudos de currículo, também observamos resultados de pesquisa nessa direção. Estudos como os de Moreira (2005; 2010), Moreira e Candau (2008), Fabris e Traversini (2011) e Veiga-Neto (2008), dentre outros, têm assinalado a urgência em estudarmos os conhecimentos escolares sob as condições culturais contemporâneas. Nesse cenário de ressignificação dos currículos escolares, Fabris e Traversini (2011), ao estudarem escolas situadas em periferias do sul do Brasil, destacam que a escola tem assumido como sua principal ação a busca pela proteção e pela segurança social, fazendo com que os conhecimentos sejam secundarizados na formação dos sujeitos escolares daquele contexto. De forma mais propositiva, Moreira (2005) tem defendido que, ainda que a criança e a sua cultura sejam indispensáveis para a vida escolar, é importante atribuir centralidade, no estudo e no planejamento das políticas de currículo, ao conhecimento escolar. "Insisto no sentido de que a eles se associe uma aguda preocupação com o conhecimento, com sua aquisição, com uma instrução ativa e efetiva, com um professor ativo e efetivo, que bem conheça, escolha, organize e ensine os conteúdos de sua disciplina ou área do conhecimento" (Moreira, 2005, p. 37).

Uma importante revisão da literatura sobre currículo da Educação Básica no Brasil, no período entre 1996 e 2002, coordenada por Alice Casimiro Lopes e Elizabeth Macedo, publicada pelo Instituto Nacional de Estudos e Pesquisas Educacionais Anísio Teixeira (INEP) no ano de 2006, concluiu que, hodiernamente, ao pluralizarem-se, os estudos curriculares experienciam um momento bastante difuso. A diversidade de objetos e temáticas de pesquisa, associadas a uma multiplicidade de paradigmas investigativos, tem caracterizado a produção teórica na área. Tal multiplicidade de abordagens, para além de delinear uma identidade ao campo, indica "uma crescente imprecisão que, por vezes, desconsidera a especificidade da educação e dos processos curriculares" (Lopes; Macedo, 2006, p. 65-66).

Outra característica evidenciada na referida revisão é o foco na escola enquanto objeto analítico privilegiado. A revisão de literatura constata que há um interesse do campo em dar conta das diferentes problemáticas que perfazem a escola brasileira contemporânea. As autoras destacam que esta questão "trata-se de um indicador que está em conflito com uma certa leitura difundida socialmente de que a universidade e a área de currículo têm-se preocupado pouco com a realidade da educação e das escolas" (p. 66). Em decorrência deste foco na escola e em suas possibilidades de transformação, Lopes e Macedo assinalam ainda uma forte "tendência à prescrição curricular" (p. 66). Mesmo que inspirados em perspectivas progressistas, os estudos marcados por essa tendência partem do pressuposto de que é necessário que o currículo seja "o formador de identidades direcionadas para determinados fins e para determinados modelos de sociedade, cabendo aos professores atender a esses modelos e fins, segundo critérios estabelecidos para além das dinâmicas escolares" (p. 66).

Assim sendo, propomos uma abordagem analítica que extrapole os limites de um prescritivismo curricular, ao mesmo tempo em que possibilite a construção de um olhar comprometido com as questões educacionais de nosso tempo. Ainda que os Estudos Curriculares estejam sendo percebidos como um campo bastante difuso, nosso objetivo é focalizar em um alvo específico: as concepções de conhecimento escolar emergentes de determinados documentos curriculares. Ao examinarmos os documentos referidos, privilegiamos estudá-los enquanto campos de visibilidade das pautas políticas de nosso tempo. Não olhamos para os documentos enquanto estruturas assépticas ou meramente acumulados de registros, mas, inspirados em uma abordagem foucaultiana, desenvolveremos uma *leitura monumental* (Silva, 2008; 2011), tomando a descrição como atitude investigativa fundamental. Na próxima seção apresentaremos os documentos que serão estudados neste texto, bem como comporemos alguns pressupostos teórico-metodológicos de nosso trabalho.

Alguns itinerários investigativos

Conforme vimos argumentando, a abordagem aqui proposta inscreve-se no campo dos Estudos Curriculares, sobretudo nas suas vertentes contemporâneas que estudam as políticas de constituição do conhecimento escolar (Young, 2007; 2011; Moreira, 2010). Para fins dessa contextualização, importa destacar que os Estudos Curriculares, enquanto um campo teórico articulado às Ciências da Educação, caracterizam-se pelo seu hibridismo epistemológico (Pacheco; Pereira, 2007). Saberes de diferentes correntes teóricas, ou mesmo de distintos campos de saber, articulam-se na composição desta área ocasionando uma identidade conceitual bastante complexa e problemática (Pacheco, 2006; Lopes; Macedo, 2011). Para além dessas questões, importa ressaltar ainda, dentre outras questões, a forte aproximação entre as políticas e as práticas de currículo com os processos de escolarização, visto que o campo dos Estudos Curriculares esteve, "desde a sua gênese, ligado a processos organizacionais com vista à elaboração de projetos de formação em contextos muito distintos, embora com ênfase para os que se prendem com a escolarização e com a formação de educadores e professores" (Pacheco, 2006, p. 248).

Quando procuramos compreender as múltiplas possibilidades organizativas do currículo escolar, deparamo-nos com um conjunto de relações de poder e saber. Os currículos articulam-se com as políticas (macro e micro) que perfazem os cotidianos escolares; em outras palavras, são regulados tanto pelas dimensões do Estado, quanto pelas tensões internas de seus atores e da comunidade na qual estão inseridos (Popkewitz, 2009; Silva, 2007). Frente a essa condição é que a literatura contemporânea tem atribuído uma dimensão seletiva ao currículo, uma vez que ele "é sempre o resultado de uma seleção: de um universo mais amplo de conhecimentos e saberes seleciona-se aquela parte que vai constituir, precisamente, o currículo" (Silva, 2007, p. 15). Assim, o currículo pode ser lido como uma produção cultural.

Entendemos que um tratamento analítico ao currículo, e às políticas de escolarização que os sustentam, passa fortemente pelo estudo de suas interfaces com os contextos mais amplos — sociais, políticos, econômicos. Sob esse olhar, é possível afirmar que o currículo apresenta-se como "um dispositivo em que se concentram as relações entre a sociedade e a escola, entre os saberes e as práticas socialmente construídos e os conhecimentos escolares" (Moreira; Candau, 2008, p. 23). Articulada a essa abordagem, Pacheco sugere-nos que "a metodologia adequada ao currículo é a que consegue captar a legibilidade das situações de decisão nos mais distintos espaços organizacionais, sabendo-se que não se trata de um processo linear e técnico" (Pacheco, 2006, p. 264).

CUSTOMIZAÇÃO CURRICULAR NO ENSINO MÉDIO

Quando nos propomos a estabelecer algumas inserções investigativas no campo dos Estudos Curriculares, considerando suas múltiplas interconexões com as políticas de escolarização de nosso tempo, atribuímos especial interesse aos conhecimentos escolares. Pacheco (2006, p. 256), em um exercício de síntese, aponta que "o que mais define e caracteriza o percurso constitutivo do Currículo é o conhecimento, alfa e ômega da escola". Interessa-nos refletir acerca dos diferentes tensionamentos no campo dos conhecimentos escolares que permitem, sobretudo na Educação Básica, a emergência de um conjunto de novas pautas políticas para a escolarização obrigatória. Ainda que os textos curriculares contemporâneos encaminhem para a formação de sujeitos autônomos, críticos e criativos, nossa intenção passa por colocar sob suspeita muitas dessas dimensões. Examiná-las criticamente implica na elaboração de outros movimentos de análise que privilegiem a centralidade do conhecimento escolar. "O conhecimento, nas dinâmicas sociais, culturais e ideológicas que o definem, constitui a lógica da elaboração, gestão e avaliação do currículo pelo que as aprendizagens dos alunos não são meros processos técnicos mediados por indicadores de desempenho" (Pacheco, 2006, p. 264).

Articularemos a realização de um estudo acerca das políticas de constituição do conhecimento escolar, aos estudos do filósofo francês Michel Foucault sobre a governamentalidade (Foucault, 2008a; 2008b). Tal articulação tem se mostrado fértil em diferentes estudos na área; tanto em nível internacional (Ball, 2010; Popkewitz, 2009; Dussel, 2009; Simons; Masschelein, 2006), quanto no cenário brasileiro (Veiga-Neto, 2008; Garcia, 2010; Silva; Fabris, 2010).

Para o tratamento das estratégias políticas operaremos com o conceito foucaultiano de governamentalidade, entendendo-o como modo de regulação das condutas (Dean, 1999; Foucault, 2008a). Dessa perspectiva teórica, sugere-se que tal regulação pode operar tanto no âmbito dos Estados e demais agentes públicos, quanto do sujeito em relação a si mesmo. Em decorrência desse pressuposto, interessa estabelecer um mapeamento dos sistemas de raciocínio pedagógico (Popkewitz, 2009) visibilizados nos referidos documentos para a seleção dos conhecimentos escolares a serem estudados nas escolas de Ensino Médio. Compreender os referidos sistemas de raciocínio pedagógico implica o reconhecimento de que os conhecimentos escolares são construções sociais, produzidas nas condições históricas, econômicas e políticas de seu tempo. Parafraseando Dean (1999), anteriormente referido, buscaremos produzir uma *analítica de currículo*. Tal analítica possibilitará um exame das condições contemporâneas de produção do conhecimento escolar, um olhar pelas suas exterioridades, isto é, pelos seus modos de constituição. Em outras palavras, faz-se necessário estabelecer um diagnóstico das condições políticas que tornam determinado objeto possível em uma dada sociedade e, ao mesmo tempo, possibilita "um tipo de estudo preocupado com uma análise das condições específicas para determinadas entidades emergirem, existirem e mudarem" (Dean, 1999, p. 20).

Dois documentos publicados recentemente pela Unesco serão examinados neste estudo. *Reforma da educação secundária: rumo à convergência entre a aquisição de conhecimento e o desenvolvimento de habilidade*, publicado originalmente em 2005 e traduzido no Brasil em 2008, busca apresentar as tendências recentes nas políticas de educação secundária nos países membros da referida organização. Objetiva também propor um modelo para essa etapa do ensino, considerada pelo referido documento como "fase crucial" da educação. O documento, de ampla repercussão internacional, é destinado para "formuladores de políticas educacionais em países que revisam continuamente a eficácia de seus sistemas de educação, de maneira que podem adotar integral ou parcialmente o modelo proposto, conforme suas necessidades específicas de desenvolvimento social e econômico" (Unesco, 2008, p. 12). Parte do pressuposto de que os atuais modelos de formação humana produzidos na educação secundária são obsoletos, na medida em que fragmentam os currículos em dimensões humanistas e profissionalizantes. Nessa direção, encaminha para a proposição de outras modalidades organizativas, visto que entende que seja "necessário criar sistemas que sejam mais eficazes em ajudar os jovens a desenvolver seu potencial e ocupar seu lugar na sociedade

CUSTOMIZAÇÃO CURRICULAR NO ENSINO MÉDIO   75

de maneira produtiva, responsável e como cidadão democrático" (Unesco, 2008, p. 15).

O segundo documento examinado, *Protótipos curriculares de Ensino Médio e Ensino Médio integrado: resumo executivo*, foi publicado no Brasil em 2011 como decorrência do modelo educacional proposto no documento anteriormente apontado. São evidenciadas as conclusões de um estudo produzido pela representação da Unesco no Brasil denominado "Currículos de Ensino Médio". A finalidade desse conjunto de ações era "propor protótipos curriculares viáveis para a integração entre a educação geral, a educação básica para o trabalho e a educação profissional no Ensino Médio" (Unesco, 2011, p. 6). São explicitados dois protótipos, a saber: um voltado para a articulação entre as práticas sociais e o mundo do trabalho e outro direcionado para a profissionalização mais imediata. Em ambos os modelos desenvolvidos na argumentação evidencia-se a intenção de formar os jovens integralmente, visto que "eles consideram que a continuidade de estudos e a preparação para a vida, o exercício da cidadania e o trabalho são demandas dos jovens e finalidades do ensino médio" (Unesco, 2011, p. 8). Considerando o cenário de transição de uma sociedade industrial para outra pós-industrial, caracterizado pela emergência de uma sociedade das capacitações (Sennett, 2006), na próxima seção explicitaremos um primeiro campo analítico para essas questões.

Entre a perícia e a meritocracia: capacitações em debate

Diferentemente do período caracterizado como capitalismo industrial, sustentado pela consolidação do modelo de Estado de Bem-estar Social, as condições econômicas do capitalismo contemporâneo têm produzido novos delineamentos para a vida social. No que se refere à subjetividade e às condições de trabalho dos sujeitos, o sociólogo

Richard Sennett (2006) argumenta que uma das principais ameaças à constituição desses sujeitos trata-se do "fantasma da inutilidade". Ao contrário do capitalismo industrial em que os trabalhadores organizavam suas carreiras em planejamentos a longo prazo, a volatilidade e a flexibilidade marcam as novas condições produtivas. Processos como a oferta global de mão de obra, a automação e a gestão do envelhecimento são algumas das características descritas pelo sociólogo para esse período.

Sob a égide do fantasma da inutilidade, uma nova gramática formativa passou a conduzir os debates acerca das relações entre educação e trabalho, da mesma forma que proliferaram novas estratégias para a gestão dos recursos humanos. "Nessa investida, passou-se a definir 'capacitação' como a capacidade de fazer algo novo, em vez de depender do que já se havia aprendido" (Sennett, 2006, p. 93-94). Sob as condições de uma sociedade das capacitações, os sujeitos passam a investir permanentemente em sua formação, as empresas modificam-se na busca de novas condições e emerge a gramática pedagógica da aprendizagem ao longo da vida, fazendo com que as instituições educativas apregoem modelos de formação continuada. Capacitar-se a todo momento para um mundo produtivo em permanente mudança apresenta-se como um novo imperativo pedagógico. Entretanto, para a análise da constituição desse novo imperativo, alguns deslocamentos podem ser visibilizados.

Os processos formativos do capitalismo industrial alicerçavam-se na concepção de perícia. Adquirir perícia representava compreender todas as etapas de um determinado trabalho, fosse ele a escrita de um texto, a realização de um cálculo ou a fabricação de um relógio. Sennett argumenta que "uma definição abrangente de perícia seria: fazer algo bem-feito simplesmente por fazer" (2006, p. 98). Os processos de formação humana eram constituídos pelas ideias de autodisciplina e autocrítica, visto que fazer algo bem-feito tinha sua própria importância. "A mestria tem o seu valor, numa medida que é ao mesmo tempo concreta e impessoal: o que é bem-feito é bem-feito" (p. 99). Conforme a descrição do sociólogo, a perícia demarcou os processos de trabalho e de formação humana ao longo de toda a consolidação do capitalismo industrial; porém, com a emergência do capitalismo contemporâneo, um novo conceito passa a reger esses processos: a meritocracia.

> Vista desta maneira, a perícia não parece ter muito a ver com as instituições do capitalismo flexível. O problema está na última parte de nossa definição — fazer alguma coisa simplesmente por fazer. Quanto mais sabemos como fazer alguma coisa bem-feita, mais nos preocupamos com ela. Todavia, as instituições baseadas em transações de curto prazo e tarefas que estão constantemente sendo alteradas não propiciam esse aprofundamento (Sennett, 2006, p. 99-100).

Em uma sociedade marcada pelas capacitações permanentes, a perícia apresenta-se como um problema na medida em que o importante é não "ficar travado". Ficar travado, nesse cenário, implica em ficar demasiadamente arraigado ao domínio de uma técnica ou de uma área de trabalho. O capitalismo contemporâneo expõe uma nova condição para a vida produtiva (com fortes ressonâncias para a formação humana), a saber: "a equiparação do talento com o mérito" (Sennett, 2006, p. 102). A perícia privilegiava as relações de domínio da técnica, nas quais o talento representava um tipo de prestígio moral. "Mas agora o talento servia para medir um novo tipo de desigualdade social: algo que fosse *criativo* ou *inteligente* significava para os outros *superior*, referindo-se a uma pessoa de maior valor" (p. 102).

O deslocamento antes descrito, da perícia para a meritocracia, produz significativas implicações para o campo educacional, em geral, e para os Estudos Curriculares, em particular. Não são recentes os estudos que apontam mudanças dos conhecimentos ensinados nos processos de escolarização (Ball, 2010; Popkewitz, 2009). No que tange ao Ensino Médio em nosso país, notamos a emergência de dois sistemas de raciocínio pedagógico complementares, a saber: a constituição de um currículo flexível e interativo que objetiva a formação de personalidades produtivas e a organização curricular delineada pelo entendimento do Ensino Médio como uma comunidade de aprendentes. Assim sendo, tal como vimos argumentando, os conhecimentos escolares tendem a ser secundarizados, na medida em que competências analíticas como a flexibilidade, a criatividade e o empreendedorismo são as novas chaves curriculares para esta etapa da educação básica.

Currículo do Ensino Médio e a formação de personalidades produtivas

No ano de 2008, a Unesco publicou no Brasil o documento *Reforma da Educação Secundária*, publicado originalmente na Europa em 2005, objetivando estabelecer um mapeamento das principais tendências contemporâneas nas políticas de educação secundária em seus países-membros. Toma como público privilegiado os planejadores de políticas educacionais nos países que continuamente revisam seus sistemas de ensino, oferecendo subsídios e modalidades de organização curricular para serem adaptados de acordo com suas demandas sociais e econômicas. Do ponto de vista pedagógico, parte do pressuposto de que todo sistema de ensino que prepara exclusivamente para o ensino superior é "brutalmente ineficaz".

Considerando o cenário internacional de globalização e de transformações tecnológicas, no qual a subjetividade dos estudantes é modificada permanentemente, o documento sugere que "os sistemas de educação secundária precisam concentrar-se em conferir aos jovens a capacidade de desenvolver personalidades produtivas, responsáveis, bem equipadas para a vida e para o trabalho na atual sociedade do conhecimento baseada na tecnologia" (Unesco, 2008, p. 11). Para promover a formação de personalidades produtivas, o documento encaminha que as experiências escolares devam fomentar habilidades analíticas e de resolução de problemas. Questões como a criatividade, a flexibilidade e o empreendedorismo passam a ser recomendadas como pressupostos básicos para a educação secundária na referida sociedade do conhecimento. Nessa lógica organizativa, que hoje perfaz as políticas curriculares de boa parte dos países filiados à Unesco, a histórica dicotomização entre ensino propedêutico ou profissional na formação juvenil não faz mais sentido, visto que tal processo orienta-se por "competências essenciais genéricas".

> Alunos do ensino secundário geral têm poucas oportunidades de adquirir habilidades práticas, mesmo quando demonstram interesse por essas áreas. De maneira similar, alunos do ensino técnico e vocacional encontram grande dificuldade para retornar aos estudos acadêmicos, mesmo quando se sentem inclinados a fazê-lo em um momento posterior. Esses sistemas falham em satisfazer as necessidades de alunos com desenvolvimento tardio, contribuem para a segmentação social entre as duas correntes e reforça a percepção de que a formação vocacional é um trajeto profissional inferior, recorrido por alunos provenientes de setores menos favorecidos da sociedade (Unesco, 2008, p. 13).

Segundo o documento, a consequência dessa situação seria o grande número de jovens frustrados por não estarem preparados para o ingresso no mundo do trabalho, as dificuldades dos empresários em encontrar trabalhadores produtivos e flexíveis, os orçamentos públicos utilizados ineficazmente e a sobrecarga nos serviços de bem-estar social. Em outras palavras, a atual organização da educação secundária implica em três níveis de problemas: indivíduos, empresas e Estados. Sob essas condições, o texto examinado aponta alguns desafios a serem enfrentados imediatamente pelos sistemas de ensino, dentre os quais a busca de novas abordagens de ensino, a ampliação das funções da escola, para além da preparação para o ingresso na educação superior, a consolidação de uma cultura de autonomia e protagonismo para os jovens e a superação de modelos curriculares centrados na memorização.

Com a intenção de promover a formação juvenil para a sociedade do conhecimento, encaminha-se a necessidade de "criar sistemas que sejam mais eficazes em ajudar os jovens a desenvolver seu potencial e ocupar seu lugar na sociedade de maneira produtiva, responsável e como cidadão democrático" (Unesco, 2008, p. 15). A formação de personalidades produtivas, tal como é defendida no documento examinado, é fabricada por meio de "currículos holísticos", que articulem conhecimentos, habilidades e atitudes. Nessa linha de argumentação, tal concepção de educação implica um "equilíbrio harmonioso de disciplinas acadêmicas, habilidades práticas e sociais genéricas e responsabilidade cívica" (Unesco, 2008, p. 16).

O documento *Reforma da Educação Secundária* está posicionado na perspectiva da educação básica universal, nos marcos da Educação para Todos (EPT). Sob essa grade de entendimento, inúmeros países têm empreendido reformas na educação secundária, priorizando consolidar o ensino das disciplinas tradicionais através da potencialização de determinadas atitudes. "Os conteúdos disciplinares enfatizados deveriam ser utilizados para consolidar o letramento e a numerização, as habilidades para a vida e a capacidade de aprender a aprender e desenvolver habilidades" (Unesco, 2008, p. 17). São priorizadas concepções de currículo organizadas em conteúdos mínimos e em competências essenciais para a vida coletiva.

> O consenso entre os especialistas em educação afirma que oferecer uma base sólida de conhecimentos no marco de um conjunto de competências genéricas essenciais durante o nível secundário é um meio eficaz de formar a personalidade dos indivíduos. Tal processo se respaldará sobre o trabalho prévio das escolas primárias, transmitindo conhecimentos, inculcando valores e identificando os talentos e aptidões do aluno. Os conteúdos curriculares ou de aprendizagem abarcarão competências essenciais e outras, opcionais, em função de necessidades específicas da coletividade. Competências essenciais tais como o letramento e a numerização serão reforçadas, desenvolvidas e complementadas com a responsabilidade cívica e a cidadania. Entre as competências transversais, estariam incluídas áreas como a comunicação, o espírito de equipe, o empreendedorismo e as habilidades de informática (Unesco, 2008, p. 17).

Os desdobramentos curriculares dessa abordagem para a educação secundária delineiam a centralidade de competências essenciais (letramento e numerização) e competências transversais. Encaminham a consolidação de modelos curriculares diversificados e flexíveis que se adaptem aos diferentes contextos e às diferentes personalidades. Entretanto, o documento enaltece que "as políticas relativas à educação secundária devem ser objeto de contínuo exame e devem ser constantemente atualizadas para que possam continuar a progredir ao ritmo das transformações científicas, econômicas e sociais" (Unesco, 2008, p. 22). De forma a estabelecer uma sistematização, vale indicar que a nomeada formação de *personalidades produtivas* na educação secundária é apresentada como um objetivo prioritário para a educação no século XXI. A criatividade, a resolução de problemas e o trabalho em equipe são indicados como as chaves da nova organização curricular, na medida em que "a ênfase deverá ser posta no conhecimento de como utilizar essas ferramentas para investigar e tratar rapidamente uma quantidade de conhecimentos crescentes, mais do que a simples aquisição de conhecimentos propriamente ditos" (Unesco, 2008, p. 23).

O Ensino Médio como uma comunidade de aprendizagem

Considerando as condições políticas e econômicas da globalização e as modificações no capitalismo contemporâneo, inúmeras publicações internacionais têm tomado como alvo o período equivalente ao Ensino Médio. Tais documentos sugerem que a exclusiva preparação para estudos posteriores, no caso brasileiro a preparação para o vestibular, constitui-se como um objetivo frágil, em razão da grande evasão escolar característica dessa etapa da escolarização, ou mesmo pelas poucas articulações com o mundo do trabalho e às inovações tecnocientíficas. Dentre os inúmeros organismos internacionais preocupados em estabelecer diretrizes para essa questão, conforme assinalamos anteriormente, destaca-se ao longo da última década a atuação da Unesco.

O contexto latino-americano tem sido objeto de um conjunto de estudos da referida organização internacional, em geral indicando as fragilidades dos modelos curriculares implementados. Em articulação a esses estudos, a Representação da Unesco no Brasil desenvolveu um projeto intitulado "Currículos de Ensino Médio", considerando como finalidade a proposição de "protótipos curriculares viáveis para a integração entre a educação geral, a educação básica para o trabalho e a educação profissional no ensino médio" (Unesco, 2011, p. 6). O produto final desse estudo foi publicado no país, em maio de 2011, com o título "Protótipos curriculares de Ensino Médio e Ensino Médio integrado: resumo executivo".

O referido texto propõe dois protótipos. O primeiro aponta um currículo focado para o mundo do trabalho e as práticas sociais, "desenhado para garantir aprendizagens necessárias ao desenvolvimento de conhecimentos, atitudes, valores e capacidades básicas para o exercício de todo e qualquer tipo de trabalho" (Unesco, 2011, p. 6). Em decorrência desse protótipo, é apresentado um segundo tipo que busca integrar o Ensino Médio com as diferentes formas organizativas da educação profissional. Ambos os modelos apresentados pelo documento examinado são justificados, de forma geral, pela necessidade de atendimento às condições da sociedade contemporânea e, especificamente, às demandas da juventude do país. Em outras palavras, "a preparação simultânea do jovem para o mundo do trabalho e a prática social e a continuidade de estudos conjuga os objetivos de interesse nacional com os interesses do público específico" (Unesco, 2011, p. 7).

Intencionando articular os interesses juvenis com a gramática dos "interesses nacionais", o documento postula uma definição de currículo "entendido como o conjunto de todas as oportunidades de aprendizagem propiciadas pela escola" (Unesco, 2011, p. 7). Busca aproximar-se também dos princípios da Lei de Diretrizes e Bases da Educação Nacional (LDBEN), sobretudo pela vinculação da educação escolar ao mundo do trabalho e à prática social. Entretanto,

CUSTOMIZAÇÃO CURRICULAR NO ENSINO MÉDIO

para atender a LDBEN, opta em tomar como referência os objetos de aprendizagem do novo Exame Nacional do Ensino Médio (ENEM).

Nesse cenário, os protótipos produzidos pela Unesco pretendem operar na interface entre as diretrizes nacionais e os projetos pedagógicos das instituições escolares. O documento atribui grande ênfase para o entendimento dos protótipos enquanto "referências". O excerto a seguir, ainda que extenso, evidencia o modo sugerido para o uso dos protótipos pelas escolas.

> Os protótipos são referências curriculares e não currículos prontos. Por isso, exigem um trabalho de crítica e complementação a ser feito pelos coletivos escolares. Para tanto, em um primeiro movimento de aproximação, as escolas precisam conhecer o protótipo adequado à modalidade de ensino médio que pretendem implantar ou reformular.
> Esse conhecimento deve ser complementado pela identificação das linhas de convergência e de distanciamento entre o projeto pedagógico da escola e o protótipo curricular. A análise da adequação do protótipo às concepções do projeto pedagógico deve anteceder a uma tomada de decisão democrática sobre a validade do seu uso.
> Tomada a decisão de usar um determinado protótipo como referência, o segundo movimento é usá-lo na construção ou reformulação do currículo e na revisão do projeto pedagógico da escola. O uso do protótipo é indicado especialmente na discussão e na tomada de decisão sobre os princípios norteadores do currículo e na definição da organização, da estrutura e dos mecanismos de integração curricular [...] (Unesco, 2011, p. 8).

Os protótipos curriculares para o Ensino Médio, desenvolvidos pela Unesco, objetivam orientar um processo de reforma dos currículos escolares brasileiros. Pretendem atender tanto às demandas juvenis, quanto às demandas econômicas e políticas para o desenvolvimento nacional. Em articulação a essa perspectiva, o currículo é posicionado como um conjunto de oportunidades de aprendizagem. A gramática das oportunidades pode ser lida como característica dos desenvolvimentos contemporâneos do neoliberalismo americano, no qual uma sociedade livre é aquela que multiplica oportunidades para todos os cidadãos (Ball, 2010).

Do ponto de vista pedagógico, os *Protótipos Curriculares* apontam como base de seus princípios orientadores a formação integral do estudante. "Eles consideram que a continuidade de estudos e a preparação para a vida, o exercício da cidadania e o trabalho são demandas dos jovens e finalidades do ensino médio" (Unesco, 2011, p. 8). Em consonância a isso, supõem que toda atividade curricular terá como centro o desenvolvimento integral do estudante, sobretudo no que se refere a "intervenções transformadoras" na realidade em que o sujeito está inserido.

Na medida em que se objetivam práticas com foco no protagonismo estudantil, o documento sugere que a pesquisa ocupe o centro do processo de desenvolvimento curricular. "A pesquisa será instrumento de articulação entre o saber acumulado pela humanidade e as propostas de trabalho que estarão no centro do currículo" (Unesco, 2011, p. 9). Articulado à noção de pesquisa estarão as propostas de trabalho individual e coletivo, desenvolvidas por cada estudante.

> Tomando o trabalho e a pesquisa como princípios educativos, os protótipos unem a orientação para o trabalho com a educação por meio do trabalho. Propõe-se, assim, uma escola de ensino médio que atue como uma comunidade de aprendizagem. Nela, os jovens desenvolverão uma cultura para o trabalho e demais práticas sociais por meio do protagonismo em atividades transformadoras. Explorarão interesses vocacionais ou opções profissionais, perspectivas de vida e de organização social, exercendo sua autonomia e aprendendo a ser autônomo, ao formular e ensaiar a concretização de projetos de vida e de sociedade (Unesco, 2011, p. 9).

Considerar o Ensino Médio como uma comunidade de aprendizagem é a principal proposição curricular do documento. Ainda que postule a interdisciplinaridade, a contextualização e a produção do currículo por meio de projetos, ou mesmo que sugira a ampliação da carga horária para três mil horas com ampla flexibilização de carga horária, a produção de uma comunidade de aprendentes é o desafio posto. Diante disso, é feita uma opção metodológica fundamental, a saber: "a valorização das formas didáticas que privilegiam a atividade do estudante no desenvolvimento de suas capacidades e na construção do seu conhecimento" (Unesco, 2011, p. 14). Projetos e ações investigativas que desencadeiem o protagonismo dos estudantes apresentam-se, no documento examinado, como importante imperativo metodológico.

Considerando o deslocamento da perícia para a meritocracia nas condições sociais e políticas do capitalismo contemporâneo, intencionamos neste capítulo examinar os modos pelos quais o conhecimento escolar é posicionado nos recentes documentos curriculares publicados pela Unesco. Do ponto de vista metodológico, nosso objetivo não esteve em produzir uma avaliação pedagógica dos referidos documentos, nem mesmo reconstituir as pautas de intervenção política da agência internacional. Buscamos estabelecer um mapeamento dos sistemas de raciocínio pedagógico emergentes para o Ensino Médio na Contemporaneidade, sistemas que regulam as intervenções escolares e dimensionam os conhecimentos a serem privilegiados nos processos de reforma e desenvolvimento curricular. Assim sendo, conseguimos descrever dois sistemas, diferenciados e de atuação complementar, a saber: o objetivo pedagógico da formação de personalidades produtivas e a organização curricular do Ensino Médio como uma comunidade de aprendizagem.

No que tange à formação de personalidades produtivas, conforme descrevemos, nota-se uma forte ênfase atribuída à criatividade, à resolução de problemas e ao trabalho em equipe como operadores curriculares. Tal configuração aposta na constituição de currículos holísticos, que priorizem conteúdos mínimos e competências essenciais para a vida coletiva. Quanto às comunidades de aprendizagem, a analítica permite-nos inferir a centralidade atribuída a uma determinada forma de protagonismo juvenil, que mobiliza os sujeitos a realizarem intervenções comunitárias e, ao mesmo tempo, coloca a atividade do estudante no centro dos processos escolares. Os conhecimentos escolares delineados pouco avançam em relação à numerização e ao letramento, visto que os referidos sistemas de raciocínio pedagógico impulsionam modalidades de organização curricular centradas na identificação de talentos e aptidões, na mobilização de resolução de problemas e no protagonismo como imperativo pedagógico fundamental. A seguir, no próximo capítulo, consideraremos analiticamente a recente prioridade atribuída ao empreendedorismo nas políticas curriculares brasileiras destinadas à escolarização juvenil.

CAPÍTULO 4

Investir, inovar e empreender:
uma nova gramática curricular
para o Ensino Médio brasileiro?

> *Nós aprendemos que nós podemos ser mais do que já fomos. Existe algo muito sedutor em ser* adequadamente apaixonado *pela excelência, em conquistar o pico da performance* (Ball, 2010, p. 45).

Falar em inovação educacional tem se constituído como uma temática central para as sociedades contemporâneas. Os diferentes resultados obtidos nas avaliações de larga escala, os desequilíbrios produzidos no contexto da sala de aula ou mesmo as dificuldades na implementação de determinadas políticas educacionais são creditados às dificuldades encontradas nas culturas escolares em buscar estratégias permanentes de inovação. As condições culturais do capitalismo contemporâneo, conforme a sociologia contemporânea tem descrito de forma intensa, conduzem os sujeitos a uma busca incessante de melhorar a si mesmos e de transformar suas condições existenciais. Falar em inovação, sob esse prisma, implica uma intensificação de modalidades autorregulatórias, que primariam por conduzir os sujeitos em formação (escolar) a estágios de competitividade exacerbada (Laval, 2004; Lima, 2012; Ball, 2010), ao mesmo tempo em que delineariam um cenário para as condições do trabalho docente marcadas pelo curto prazo, pelas capacitações e pela meritocracia (Sennett, 2006), tal como sinalizamos no capítulo anterior.

Em outros estudos procuramos analisar os modos pelos quais, a partir da emergência de uma cultura do novo capitalismo (Sennett, 2008), os diferentes sujeitos escolares tinham sua conduta regulada por estratégias políticas de inspiração neoliberal. Inicialmente, ao examinarmos um conjunto de materiais midiáticos direcionados aos estudantes em preparação para o ingresso na universidade, notamos uma forte tendência de os jovens brasileiros serem direcionados a planejar seus percursos profissionais e suas lógicas de vida a partir de uma perspectiva empresarial, geralmente ancorada no conceito de empreendedorismo (Silva, 2011). Em estudo posterior, procurando dimensionar os sentidos contemporâneos para a constituição da docência no Ensino Médio em nosso país, percebemos a emergência de um conjunto de saberes pedagógicos e a mobilização de um conjunto de estratégias que posicionavam a inovação como uma atitude pedagógica permanente para a docência nessa etapa da Educação Básica (Silva, 2015a; Silva e Fabris, 2013). Com o desenvolvimento desses estudos, iniciamos um processo de mapeamento de outras iniciativas pedagógicas, sobretudo de caráter curricular, produzidas para o Ensino Médio brasileiro, em articulação com as novas demandas e características da sociedade atual.

Nesse processo de examinar as diferentes perspectivas curriculares para o Ensino Médio, fez-se possível notar um entrelaçamento produtivo entre as noções de investimento, inovação e empreendedorismo na constituição de uma nova pauta para essa etapa da escolarização básica. Em geral, apregoa-se que, para uma sociedade em permanente transformação, os modelos formativos estruturados na lógica de produção fordista estavam esgotados e que as escolas (com suas disciplinas, conhecimentos e práticas institucionais) precisavam de novos direcionamentos. A urgência com que tais reformas eram justificadas derivava de uma gramática centrada em aspectos do neoliberalismo, em suas diferentes versões (Laval, 2004; Foucault, 2008). A necessidade de aumentar a competitividade dos indivíduos para se manterem ativos no mercado profissional, a perspectiva de ampliar os níveis de capital humano da sociedade brasileira de modo a torná-la mais apta aos investimentos internacionais, assim como a relevância de produzir uma escola atraente e inovadora para que os jovens nela permaneçam, protegendo-se dos riscos e perigos de uma sociedade em crise, irrompiam com grande força dos diferentes setores da sociedade que se propunham a divulgar esse novo ideário.

Sob tais condições, neste capítulo, a partir de um diagnóstico crítico de práticas curriculares de diferentes regiões do país, abordamos os modos pelos quais a lógica do empreendedorismo tem, efetivamente, ingressado na agenda curricular do Ensino Médio brasileiro. Do ponto de vista teórico, buscamos uma interlocução sistemática com diferentes abordagens que buscam produzir uma crítica política das formas escolares fabricadas nas tramas do capitalismo contemporâneo. Importa reiterar que fazemos uso de autores de diferentes campos, comprometendo-nos com uma descrição ampla e uma abordagem teórica densa para o tratamento do objeto que escolhemos tematizar.

Para desencadear o itinerário investigativo proposto, organizamos o presente capítulo em duas seções. Na primeira seção, produzimos um breve diagnóstico das políticas de escolarização emergentes no capitalismo contemporâneo, situando-as em diferentes perspectivas analíticas. A seguir, na segunda seção, ao revisarmos algumas práticas curriculares que atribuem centralidade ao conceito de empreendedorismo, em diferentes regiões brasileiras, notamos a mobilização de duas estratégias complementares, a saber: a premissa de tornar as escolas atraentes e o desenvolvimento de currículos que promovam oportunidades econômicas. Tais estratégias, em ação, tendem a compor uma nova gramática curricular para o Ensino Médio brasileiro, engendrada por três imperativos econômicos neoliberais: investir, inovar e empreender.

Políticas de escolarização no capitalismo contemporâneo: um diagnóstico

No início da década de 1990, Peter Drucker (1993) anunciava o ingresso em uma sociedade "pós-capitalista", onde os modos de organização produtiva (e da vida social como um todo) eram deslocados na direção de uma centralidade do conhecimento. Um dos arautos da sociedade do conhecimento informava-nos que o fator de produção não era mais a terra, a mão de obra ou o capital — "ao invés de capitalistas e proletários, as classes da sociedade pós-capitalista são os trabalhadores do conhecimento e os trabalhadores em serviços" (Drucker, 1993, p. xv). O tom profético do texto de Drucker ainda assinalava os dois conceitos que mobilizariam as novas formas produtivas, a saber: a produtividade e a inovação (Drucker, 1993). A articulação dos referidos conceitos, para além de dimensionar outros rumos para a economia internacional, serviria como estratégia privilegiada para os novos processos de formação humana, marcados pelas exigências de desempenho, pelas aprendizagens permanentes, pelo foco em habilidades e competências genéricas e pela gestão das inovações.

A formulação de Drucker enunciava uma complexa tecnologia de regulação da vida social, em geral, e dos processos de escolarização, em particular. As possibilidades de investir, inovar e empreender tendem a ser posicionadas como ferramentas fundamentais para a produtividade do conhecimento, vetor de mudanças individuais, organizacionais e estatais. Segundo o estudioso do campo da administração, "a única coisa que será cada vez mais importante, tanto na economia nacional como na internacional, é o desempenho gerencial para tornar produtivo o conhecimento" (Drucker, 1993, p. 149). O autor evoca a experiência educacional japonesa para exemplificar e justificar uma aproximação entre escolarização e competitividade econômica[1].

---

1. Popkewitz (2009) assinala os modos pelos quais os exemplos das escolas japonesas são utilizados como modelos nas reformas dos sistemas de ensino a partir dos anos de 1990.

A produtividade do conhecimento será o fator determinante da posição competitiva de uma empresa, de uma indústria, de todo um país. Nenhum país, indústria ou empresa tem uma vantagem ou desvantagem "natural". A única vantagem possível é a capacidade de explorar o conhecimento universalmente disponível. A única coisa que será cada vez mais importante, tanto na economia nacional como na internacional, é o desempenho gerencial para tornar produtivo o conhecimento (Drucker, 1993, p. 149).

Estavam enunciadas as condições de emergência para uma sociedade do conhecimento; entretanto, mais que isso, notava-se um arranjo institucional que centralizava novas formas de escolarização com foco no gerenciamento de processos inovadores, ampliando as condições de desempenho e aprendizagens permanentes. Segundo o autor, "na sociedade do conhecimento, as matérias podem ser menos importantes que a capacidade dos estudantes para continuar aprendendo e que a sua motivação para fazê-lo" (Drucker, 1993, p. 158). As formas de aprendizagem vitalícia, na própria expressão do autor, exigiriam escolas atraentes e promotoras de satisfação aos seus públicos.

As condições enunciadas por Peter Drucker (1993) já haviam sido diagnosticadas pelo filósofo francês Jean-François Lyotard (2009) em seu relatório de pesquisa para o Conselho das Universidades do Quebec no ano de 1979. De acordo com o filósofo, com o ingresso em um período caracterizado como pós-moderno ou pós-industrial, os saberes mudam sua condição, sendo afetados "em suas duas principais funções: a pesquisa e a transmissão de conhecimentos" (Lyotard, 2009, p. 4). Nas sociedades pós-modernas, tal como descritas pelo filósofo, o saber ingressará no campo das capacidades produtivas, constituindo fator de desenvolvimento dos indivíduos e das nações. Em outras palavras, ao adquirir a forma de mercadoria, o conhecimento será ressignificado.

Em vez de serem difundidos em virtude do seu valor "formativo" ou de sua importância política (administrativa, diplomática, militar), pode-se imaginar que os conhecimentos sejam postos em circulação segundo as mesmas redes da moeda, e que a clivagem pertinente a seu respeito deixa de ser saber/ignorância para se tornar, como no caso da moeda, "conhecimentos de pagamento/conhecimentos de investimento", ou seja, conhecimentos trocados no quadro da manutenção da vida cotidiana (reconstituição da força de trabalho, "sobrevivência") *versus* créditos de conhecimentos com vistas a otimizar as *performances* de um programa (Lyotard, 2009, p. 7. Grifos do autor).

Outro autor que perceberá as ressignificações do capitalismo contemporâneo e seus desdobramentos para o campo dos saberes e das subjetividades será Gilles Deleuze (1992a), por meio do conceito de sociedade de controle. Em seus escritos do início da década de 1990, ao reler o pensamento político de Michel Foucault, Deleuze constata que, a partir do advento das novas tecnologias da informação e da comunicação, as relações de poder não poderiam mais ser caracterizadas exclusivamente como disciplinares. Os regimes de poder caracterizados pela disciplina, descritos por Foucault em *Vigiar e Punir*, eram regidos pela fabricação de espaços coletivos de confinamento, fossem eles as fábricas, os hospitais, as prisões ou as escolas. Tais regimes primavam pela concentração, pelo ordenamento do tempo e pela distribuição do espaço, sendo os corpos seus alvos privilegiados.

Segundo a leitura deleuziana, a partir do encerramento da Segunda Guerra, as grandes instituições disciplinares entraram em um importante processo de crise. Essa argumentação é materializada em expressões como "crise da família", "crise do modelo industrial", "crise das instituições de ensino". Isso conduz-nos a pensar que a crise do modelo de desenvolvimento do capitalismo industrial levou a uma intensa crise de sua tecnologia de poder — a disciplina — e que, consequentemente, o advento das políticas neoliberais e do arranjo social denominado como "pós-industrial" deu condições de emergência para outra modalidade das relações de poder — o controle. O controle, enfim, conduziu a uma gramática política de reforma das instituições, ao mesmo tempo em que, pelo controle contínuo e pela comunicação instantânea, potencializou novas possibilidades de subjetivação. Passou a interessar a esse cenário a constituição de um sujeito em autoformação permanente, um sujeito em permanente conexão com o mundo e um sujeito-empresa (que investe continuamente em seu capital de talentos — o conhecido "capital humano").

O contexto caracterizado por Deleuze como "sociedades de controle" sugere, então, uma predominância do modelo da empresa. Diferentemente do modelo da fábrica, em que os indivíduos eram disciplinados à custa de um salário, na empresa encontrarão uma modulação permanente com o "salário por mérito". Tal processo de subjetivação passa a perfazer toda a vida social e, nas instituições escolares, encontra um espaço interventivo privilegiado: reformas permanentes, *rankings*, avaliações de desempenho, qualidade traduzida em metas, formação continuada, busca pela atualização permanente e atendimento às demandas do mercado (Sibilia, 2012).

Com essa lista de novos procedimentos educacionais, é possível compreender a afirmativa deleuziana de que "num regime de controle nunca se termina nada" (Deleuze, 1992b, p. 225). Na parte final de um texto publicado em 1990, Deleuze chega a esboçar esse novo regime das escolas: "as formas de controle contínuo, avaliação contínua, e a ação da formação permanente sobre a escola, o abandono correspondente de qualquer pesquisa na Universidade, a introdução da "empresa" em todos os níveis da escolaridade" (Deleuze, 1992b, p. 225). O diagnóstico deleuziano apresenta-nos três conceitos que se tornarão centrais ao discurso pedagógico do início do século XXI: controle contínuo, interatividade/comunicabilidade e prevenção/proteção social. Em outras palavras, proliferam-se programas de ação articulada, alicerçados na aprendizagem ao longo da vida, nas metodologias centradas no estudante e na prevenção dos riscos sociais.

Nos autores do neomarxismo italiano, encontramos uma crítica política que aglutina essas dimensões teóricas, perspectivando-as no conceito de capitalismo cognitivo (Lazzarato, 2003; Corsani, 2003; Chicchi e Roggero, 2009). A presente crítica política assenta-se nas mudanças do sistema produtivo desencadeadas na Contemporaneidade que tomam como centro processos como a imaterialização do trabalho (Vercellone, 2009; Lazzarato, 2003) e a produção do conhecimento por conhecimentos (Corsani, 2003). Tais questões alteram os modos pelos quais as sociedades contemporâneas se relacionam com o trabalho, com o conhecimento e consigo mesmas.

> Com o conceito de capitalismo cognitivo, designamos então um sistema de acumulação no qual o valor produtivo do trabalho intelectual e material se torna dominante e onde o eixo central da valorização do capital porta diretamente sua expropriação "através da renda" do comum e a transformação do conhecimento em mercadoria (Vercellone e Negri, 2007, p. 2).

Sob esse prisma, a economista Antonella Corsani (2003) argumenta que "a passagem do fordismo ao pós-fordismo pode ser lida como a passagem de uma lógica da reprodução a uma lógica da inovação, de um regime de repetição a um regime de invenção" (p. 15). O conhecimento assume o lugar de vetor das inovações e das dinâmicas produtivas do capitalismo cognitivo[2] (Lazzarato, 2003). Em comum nas análises aqui revisitadas — o diagnóstico de Lyotard, a crítica deleuziana e as teorizações do neomarxismo italiano —, podemos destacar a centralidade dos conceitos de inovação, investimento e empreendedorismo nas sociedades contemporâneas. Sob as condições do capitalismo neoliberal, em suas diferentes versões, notamos uma ênfase em estratégias formativas que reforçam a eficácia e a produtividade dos indivíduos em seus diferentes níveis de atuação.

As estratégias políticas que perfazem a constituição da gramática curricular antes evidenciada sugerem que o Ensino Médio seja posicionado como um espaço de formação de personalidades produtivas e direcionado para formas curriculares que estimulem o protagonismo dos jovens. Sob as condições contemporâneas, notamos que essa

---

2. No que tange às derivações educacionais do conceito de capitalismo cognitivo, destacamos as abordagens recentes de Silva (2013) e Saraiva e Veiga-Neto (2009).

concepção, ainda que inspirada em uma matriz progressivista, se articula com as demandas educacionais advindas das tramas do capitalismo contemporâneo, tal como assinalamos anteriormente. Uma das perspectivas de trabalho escolar que materializa esses princípios pode ser localizada na centralidade da temática do empreendedorismo na escola brasileira de nosso tempo. Investir, inovar e empreender tornam-se imperativos curriculares do Ensino Médio, mobilizados a partir de duas estratégias distintas e complementares, quais sejam: o desenvolvimento de práticas escolares atraentes e inovadoras e a promoção de oportunidades que possibilitem uma intervenção diferenciada dos sujeitos no mercado de trabalho. Exploramos cada uma delas a seguir.

Empreendedorismo nas políticas curriculares brasileiras para o Ensino Médio

Ao longo da última década, intensificaram-se os processos investigativos acerca das relações entre educação e empreendedorismo (López-Ruiz, 2008; Costa, 2009; Silva, 2011). A emergência da referida temática, tal como argumentamos antes, é decorrente da predominância das formas de regulação neoliberal nas sociedades contemporâneas, assim como do contexto de influência fabricado por determinadas organizações multilaterais. Acerca disso, vale reiterar que atualmente notamos uma nova ênfase nas teorias do capital humano produzidas pela Escola de Chicago na segunda metade do século XX. Costa (2009) sugere que as referidas condições produzem um "indivíduo microempresa", um sujeito empreendedor caracterizado por inúmeros aspectos — "são pró-ativos, inovadores, inventivos, flexíveis, com senso de oportunidade, com notável capacidade de provocar mudanças, etc." (p. 181). Em uma direção aproximada, Silva (2011) estudou a constituição dos estudantes universitários. Segundo o autor, sob a lógica do empreendedorismo, os estudantes buscam administrar seus talentos para ficarem ativos para as demandas do mercado profissional.

No que tange ao Ensino Médio, temos observado um conjunto de iniciativas, em diferentes regiões brasileiras, que visam a inserir as pautas do empreendedorismo nos currículos escolares dessa etapa da Educação Básica. Esse projeto tem sido induzido por diferentes estratégias: desde a inserção de disciplinas ou de projetos permanentes sobre a temática até o desenvolvimento de ações pontuais, com incentivos de agentes públicos e privados. De acordo com o sociólogo Licínio Lima (2012), tal como a noção de aprendizagem ao longo da vida, esse processo responsabiliza o indivíduo pelo seu potencial de competitividade, buscando elaborar "portfólios de competências que lhe possa aumentar as probabilidades de se tornar empregável, ou de manter o emprego, em face dos imperativos da economia" (p. 64). De outra perspectiva, a pesquisadora Paula Sibilia (2012) argumenta que a própria ideia de educação está sendo reconfigurada. Na medida em que se articula às demandas do capitalismo contemporâneo, "a educação pode ser oferecida como *fast food* ou em sua versão *gourmet*, assim como em suas diversas gradações intermediárias, mas todas diferem daquilo a que se propunha o projeto moderno de escolarização obrigatória e gratuita para o conjunto dos cidadãos" (Sibilia, 2012, p. 132). A educação, enfim, estaria mais próxima do atendimento dos interesses de um cliente do que da formação de um cidadão.

Ao acompanharmos as práticas curriculares para o Ensino Médio de algumas regiões do Brasil, notamos que a inserção da temática do empreendedorismo é justificada por dois conjuntos de razões, distintos e complementares: por um lado, as escolas buscam ampliar o potencial de competitividade dos seus estudantes, de maneira que estejam preparados para as novas dinâmicas do mercado profissional; por outro lado, nota-se uma preocupação (e um interesse) das instituições escolares em contribuir com as demandas das empresas, objetivando capitalizar seu público para fomentar novas formas de desenvolvimento econômico.

Escolas atraentes: empreendedorismo e competitividade

Quando examinamos os modos pelos quais a lógica do empreendedorismo é inserida nas políticas e práticas curriculares para o Ensino Médio, uma das estratégias privilegiadas situa-se na perspectiva de tornar a escola um espaço mais atraente para os jovens, investindo em práticas pedagógicas inovadoras. A inovação é posicionada como um imperativo pedagógico basilar para as instituições de nosso tempo. Segundo essa leitura, uma escola atraente para essa etapa da educação básica privilegiaria a composição de estratégias curriculares com foco na competitividade de seus estudantes. O empreendedorismo torna-se uma estratégia fundamental.

Uma das práticas examinadas refere-se a uma atividade formativa promovida por uma instituição escolar situada no interior do Rio Grande do Sul, em parceria com o Sebrae, em que 250 estudantes participaram do processo formativo. Dentre os desafios assumidos pelos proponentes da ação, destacava-se a promoção de atividades empreendedoras na escola, com foco na escolha profissional dos estudantes. Entretanto, para além dessa intenção, percebia-se um foco na mobilização de iniciativas que tornassem o currículo escolar mais atraente aos jovens estudantes.

> De acordo com o presidente do Conselho Deliberativo do Sebrae no estado, Vitor Augusto Koch, o foco da conversa é despertar o espírito empreendedor nos estudantes. "O objetivo é que os alunos conheçam histórias de empreendedores, possibilitando aplicar o conhecimento adquirido em situações cotidianas, como também despertar o interesse de ir à escola", explica. A técnica do Sebrae, Francine Danigno, falará sobre o perfil do empreendedor, suas áreas de atuação e quais são os passos para empreender. Além disso, os estudantes participarão de atividades para colocar todas as informações em prática.

Fonte: http://www.agenciasebrae.com.br/noticia/20224872/ultimas-noticias/palestra-incentiva-o-empreendedorismo-no-ensino-medio/

Conhecer as histórias de empreendedores e, ao mesmo tempo, aplicar conhecimentos em situações cotidianas eram atividades descritas como privilegiadas. Ainda acerca dessa prática, a coordenadora assinalava sua preocupação pedagógica: "procurei a ajuda do Sebrae para colocar os alunos em contato com outra realidade e ainda estimular o desenvolvimento da criatividade, identificando oportunidades, superando desafios, quebrando padrões e agindo de forma ética e solidária". Argumentações em torno de quebrar padrões ou superar desafios pela via da criatividade sugerem a constituição dessa nova pauta pedagógica para o Ensino Médio.

Ainda no Rio Grande do Sul, em uma região bastante distante da capital, percebemos a emergência de outro aspecto dessa promoção de currículos escolares mais atraentes. Em um seminário destinado à apresentação de pesquisas produzidas pelos estudantes do Ensino Médio ao longo do primeiro semestre do ano letivo de 2012, destacava-se a centralidade atribuída às temáticas da qualidade de vida e do empreendedorismo, articuladas a questões do mundo do trabalho. Os referidos estudantes eram organizados em equipes, lendo, estudando e pesquisando livremente as temáticas antes indicadas. Ao final, elaboravam sínteses e apresentavam os resultados em um seminário integrado, fazendo uso de tecnologias digitais. Desejava-se, com essa atividade, promover ações escolares interdisciplinares, mas também investir no desenvolvimento de novas atitudes nos estudantes.

> O trabalho ocorre de forma interdisciplinar e contextualizada promovendo o desenvolvimento e fortalecimento de diferentes habilidades como a pesquisa, análise e síntese, elaboração de relatório, expressão oral, postura e desenvoltura na apresentação em público, superação do medo, da ansiedade e da timidez, uso de recursos tecnológicos, trabalho em equipe e cooperação. Estas habilidades colaboram para a formação integral dos educandos e estimulam a formação de verdadeiros cidadãos, visando torná-los competentes para atuar com eficiência e eficácia num contexto cada vez mais exigente.

Fonte: http://www.educacao.rs.gov.br/pse/html/noticias_det.jsp?PAG=1&ID=9930

Superar o medo, combater a ansiedade e a timidez e trabalhar em equipe eram alguns dos objetivos pedagógicos colocados em ação no seminário integrado sobre qualidade de vida e empreendedorismo. A formação de indivíduos competentes (eficazes e eficientes) não somente se evidenciava em uma prática isolada no Ensino Médio, mas se materializava na própria missão da escola: "oferecer uma educação de qualidade, através de uma pedagogia inovadora, buscando desenvolver a autonomia, o espírito empreendedor e de liderança para colaborar no crescimento e progresso da comunidade e região, de maneira crítica e responsável". A articulação entre as noções de pedagogia inovadora, espírito empreendedor e desenvolvimento econômico, tal como estamos argumentando até este momento, são enunciadas no projeto pedagógico da instituição escolar.

O enfoque nas atitudes dos estudantes, em suas condutas, também encontramos nas políticas curriculares de outras regiões do país. Um dos projetos com foco no Ensino Médio que apresenta maior duração é o Empreendedorismo no Ensino Médio, desenvolvido pela rede pública estadual de Sergipe, em parceria com o Sebrae, desde o ano de 2004. O projeto é posicionado como uma ação pedagógica diferenciada, na medida em que coloca o empreendedorismo como um "elemento comportamental".

Um aspecto que merece ser mais esclarecido é o porquê de unir empreendedorismo com a educação formal. O empreendedorismo não é sinônimo de atividade comercial ou empresarial, embora muito se confunda, e deste equívoco, nasçam discussões tão apaixonadas quanto desequilibradas. Assim, especialmente nós, educadores, devemos entender definitivamente o empreendedorismo como um elemento comportamental. Isto é, um conjunto de atitudes e hábitos que podem ser adquiridos através da educação e, consequentemente desenvolver nos alunos uma maneira própria de se posicionar e agir no mundo. É, literalmente, o "aprender a fazer", recomendado pela UNESCO como um dos pilares da educação para o século 21.

Fonte: http://www.se.senac.br/component/content/article/34-destaques/602-rio-92-9-futuro-ja-tem-20-anos-

A partir desse projeto, desde o ano de 2006, a disciplina Empreendedorismo tornou-se obrigatória na grade curricular do Ensino Médio daquele Estado (Resolução n. 008/CEE, de 2006). O programa educacional de Sergipe ainda inclui a formação de professores em um MBA em Empreendedorismo para Docentes, ministrado por meio de parceria entre uma faculdade local e o Sebrae.

Essa perspectiva atitudinal subjaz outras práticas curriculares desenvolvidas no contexto brasileiro. Sob a premissa de tornar os currículos escolares do Ensino Médio mais atraentes, outra política que merece ser destacada na composição dessa análise é o Programa Vence, uma rede de educação técnica oferecida aos estudantes da rede pública estadual de São Paulo. O programa assume como meta "a integração do jovem à vida social e produtiva do país". Sua intenção é garantir que os estudantes do Ensino Médio e da Educação de Jovens e Adultos tenham condições de obter um certificado de um curso técnico.

Entretanto, junto ao Programa Vence, para além de sua importante proposta formativa, percebemos os modos como esse programa foi divulgado para os interessados no processo seletivo do ano de 2013 (Figura 1).

Figura 2. Anúncio publicitário do Programa Vence (SP)

Fonte: http://www.vence.sp.gov.br/remt/av/Padrao/aplicacao-site/

A lógica evidenciada no anúncio publicitário do programa de educação profissionalizante enuncia uma estratégia que individualiza os processos formativos, dimensionando-os sob um arranjo competitivo. Essa abordagem aproxima-nos novamente dos estudos de Lima (2012), para quem as práticas educativas na sociedade de aprendizagem se sustentam no pressuposto do "aprender para ganhar, conhecer para competir". Tal como estamos argumentando neste texto, investir, inovar e empreender têm constituído uma nova gramática para o Ensino Médio brasileiro. Isso nos leva a refletir sobre a segunda estratégia pedagógica mobilizada pelas políticas curriculares com foco no empreendedorismo no Ensino Médio: a promoção de oportunidades.

A promoção de oportunidades econômicas: educação e desenvolvimento

Ao estudarmos os modos pelos quais o empreendedorismo tem sido inserido nos currículos escolares do Ensino Médio das escolas brasileiras, a outra estratégia mobilizada situa-se em uma lógica de promoção de oportunidades aos diferentes indivíduos. Tais oportunidades são posicionadas a partir de uma perspectiva produtiva e econômica. A escola aqui fabricada compromete-se a atender às demandas de todos os seus estudantes. Segundo Sibilia (2012), "na oferta educacional contemporânea, busca-se oferecer um serviço adequado a cada perfil de público, proporcionando-lhe recursos para que cada um possa triunfar nas árduas disputas de mercado" (p. 132). Nessa direção, os currículos escolares poderiam ser posicionados como agências promotoras de futuras oportunidades para seu público por meio do investimento permanente em suas capacidades.

Acerca da referida promoção de oportunidades, assinalamos inicialmente a inserção de oficinas de educação empreendedora na rede pública estadual de São Paulo. Essas oficinas, tal como foram divulgadas, tomam como foco a urgência de os estudantes aprenderem a ser seus próprios chefes. Ministradas em parceria com o Sebrae, as oficinas acontecem aos sábados e no contraturno das atividades regulares da escola.

> Tornar-se o próprio chefe, alcançar a independência financeira e até trabalhar em casa são algumas possibilidades que gerenciar o próprio negócio possibilitam. Pensando em viabilizar esta oportunidade, a Secretaria de Educação em conjunto com o Sebrae-SP passa a oferecer oficinas de empreendedorismo em escolas da rede estadual de ensino.

Fonte: http://www.educacao.sp.gov.br/noticias/curso-formara-geracao-de-jovens--empreendedores-na-rede-estadual-estudantes-vao-aprender-a-ser-o-proprio-chefe

A dimensão do tornar-se o próprio chefe, a partir de outras dimensões contextuais, é mobilizada no Projeto Empreendedorismo e Ecossustentabilidade no Pantanal, mobilizado por algumas escolas da rede estadual do Mato Grosso. Os estudantes do Ensino Médio de uma dessas instituições tomaram como foco de suas ações a articulação entre as temáticas do empreendedorismo e do ecoturismo.

> O projeto coordenado pelo professor Eber José de Matos Corrêa, da disciplina Geografia, estabelece ações para os próximos três meses, viabilizando estudos sobre ecoturismo e ecossustentabilidade. Com base no tema "Cuiabá 2014. A Copa do Pantanal" os estudantes desenvolverão de forma interdisciplinar pesquisas bibliográficas e *in loco* (na região) para conhecer a fauna, flora e história do Pantanal, com a finalidade de trabalhar práticas ecológicas e de empreendedorismo.

Fonte: http://www.seduc.mt.gov.br/conteudo.php?sid=20&cid=12399&parent=20

O desafio evidenciado no projeto é que os estudantes, habitantes de regiões pantaneiras, encontrem novas oportunidades para suas vidas a partir da realização da Copa do Mundo no Brasil. O projeto é desenvolvido não apenas para que os estudantes conheçam a região em que moram, mas para que realizem esse objetivo buscando formas criativas para atribuir valor econômico ao lugar em que nasceram, assim como para suas trajetórias de vida.

De outro lugar, percebemos essa mesma lógica em ação nos novos cursos técnicos ofertados pelo Programa Nacional de Acesso ao Ensino Técnico e Emprego (Pronatec), em que a disciplina Empreendedorismo já compõe vários dos currículos dos cursos técnicos ofertados. Segundo dados do próprio Ministério da Educação, a intenção é que o Brasil acompanhe uma tendência de 50% dos países europeus ao inserir educação para o empreendedorismo em suas escolas.

No Pronatec Empreendedor, a referida disciplina será obrigatória nos currículos dos cursos, com uma duração de 52 horas-aula (distribuídas em três módulos). Dentre as competências a serem desenvolvidas nos estudantes, destaca-se a compreensão do mercado de trabalho e do mundo do trabalho como projeto de vida, o reconhecimento das atitudes empreendedoras para sua vida e o desenvolvimento de planejamentos de vida e de carreira.

No Brasil, o Pronatec Empreendedor deve englobar cerca de 1,5 milhão de estudantes de todo o país. O acordo com o MEC prevê também a capacitação pelo Sebrae de sete mil professores até 2014, além da disponibilização de especialização e/ou mestrado em educação empreendedora. "Empreendedorismo na educação significa valorizar os processos educacionais que estimulam o desenvolvimento do ser humano em todas as suas dimensões, de forma que ele possa contribuir com ideias para o mundo dos negócios e para o ambiente em que está inserido", afirma o presidente do Sebrae, Luiz Barretto. "O comportamento empreendedor é útil para quem vai ter o próprio negócio ou para quem vai trabalhar em uma empresa. O mercado de trabalho está cada vez mais competitivo e globalizado e exige trabalhadores bem qualificados, mas que tenham um diferencial", completa.

Fonte: http://www.sebraesp.com.br/index.php/42-noticias/empreendedorismo/8865-educacao-empreendedora-avanca-nas-escolas-brasileiras

Como temos argumentado, a educação empreendedora nas escolas brasileiras tem crescido significativamente, ingressando nas reformas curriculares desencadeadas pelos Estados brasileiros ao longo dos últimos anos. Para fins desta análise, salientamos ainda a recente reformulação curricular implementada pelo Estado de Minas Gerais, intitulada "Reinventando o Ensino Médio" (2011-2014). A referida reforma teve como objetivo criar "um ciclo de estudos com identidade própria, que propicie, simultaneamente, melhores condições para o prosseguimento dos estudos e mais instrumentos favorecedores da empregabilidade dos estudantes ao final de sua formação nesta etapa de ensino". Um dos centros organizativos da referida reforma foram as nomeadas "áreas de empregabilidade"; dentre 18 possibilidades iniciais, as escolas escolhiam duas ou três, as quais passariam a integrar sua estrutura curricular no Ensino Médio.

Uma das áreas de empregabilidade era nomeada como "Empreendedorismo e gestão" e visava a trabalhar conteúdos para a instrumentalização dos estudantes para ter uma visão ampla sobre "a administração e a gestão de negócios, em especial, de empreendimentos de pequeno porte".

> As disciplinas do currículo devem ter caráter reflexivo e prático e a disposição dos conteúdos favorecem o trabalho pedagógico, já que eles podem ser trabalhados em relação direta a realidade socioeconômica da região onde a escola está localizada. Os ganhos no desenvolvimento do Empreendedorismo e Gestão serão maiores a partir da integração com as outras áreas de empregabilidade e com as demais disciplinas do currículo convencional, como forma de ampliar a reflexão, produzir atividades extracurriculares e propiciar conhecimentos técnicos específicos.

Fonte: http://www.educacao.mg.gov.br/component/gmg/action/2825-novo-ensino-medio-reinventando-o-ensino-medio

Para finalizar, importa destacar que a promoção de oportunidades econômicas nos currículos escolares do Ensino Médio, como percebemos nesta argumentação, vincula-se ao investimento nas capacidades dos estudantes. Sob essa gramática, investir nas capacidades dos sujeitos escolares implica capitalizar seus talentos, oferecendo possibilidades para que desenvolvam um comportamento empreendedor. A busca pela ampliação das performances individuais, como expomos na epígrafe deste capítulo, movimenta os próprios estudantes a desejarem essa condição. Conforme Ball (2010), em consonância com o que argumentamos, com a emergência e a consolidação de novas relações de poder, as novas políticas ancoram-se em "um discurso no qual emerge uma nova forma de legitimação nas sociedades pós--industriais para a produção do conhecimento e sua transmissão por meio da educação" (p. 38). Ao examinar esse contexto, Ball sugere que tais relações de poder favorecem o desenvolvimento de novas regulações da subjetividade, esboçando identidades sociais e outras formas de vida regidas pelos valores da competição, da intensificação e da qualidade. É nesse cenário que observamos a consolidação do empreendedorismo como uma questão curricular para o Ensino Médio brasileiro. No próximo capítulo direcionaremos nosso olhar para pensar as relações entre as práticas curriculares, as tendências pedagógicas e as atuais configurações capitalistas no contexto do Ensino Médio de nosso país.

CAPÍTULO 5

Estetização Pedagógica, Aprendizagens Ativas e Práticas Curriculares no Brasil

> *Todos os tempos são, para quem deles experimenta contemporaneidade, obscuros. Contemporâneo é, justamente, aquele que sabe ver essa obscuridade, que é capaz de escrever mergulhando a pena nas trevas do presente* (Agamben, 2009, p. 62-63).

Em uma breve incursão pelos discursos pedagógicos intensamente promovidos na Contemporaneidade, tornou-se recorrente depararmo-nos com referências à importância de metodologias ativas, centradas na atividade dos estudantes e no desenvolvimento da interatividade como estratégia privilegiada (Popkewitz, 2009; Noguera-Ramírez, 2011; Simons; Masschelein, 2011). Essa caracterização, evidenciada desde a segunda metade do século XX, materializa-se na centralidade de práticas pedagógicas diferenciadas aos perfis dos estudantes, às demandas da sociedade e da economia de nosso tempo e à capacidade pedagógica para a promoção de inovação. Para fins deste capítulo, buscaremos problematizar uma das nuances específicas desse processo que se refere aos modelos de organização das aulas, a distribuição dos tempos e dos espaços, assemelhadas, a nosso ver, a um grande jogo interativo de perguntas e respostas — um *quiz*. Nossa problematização central, derivada da análise de relatos de experiências consideradas como bem-sucedidas no Ensino Médio no Brasil, será que se torna visível na composição das aulas em nosso país uma conexão produtiva entre estetização pedagógica, aprendizagens ativas e soluções didáticas. A questão do conhecimento escolar tem sido reposicionada no âmbito de uma individualização dos percursos formativos, atrelando-se aos novos imperativos vinculados a uma customização curricular (Silva, 2015a; Silva, 2015b).

Dessa forma, tal como assinalamos na epígrafe deste texto, junto a Agamben (2009), realizamos a opção epistemológica em examinar o presente, em suas variações e diferenciações. A opção pelo exame de práticas pedagógicas contemporâneas, em nossa perspectiva, mais que se constituir em um recorte temporal, sinaliza a possibilidade de investigar nas tramas do presente, produzindo distanciamentos e evitando anacronismos para produzir contrastes. Mais uma vez recorrendo a Agamben (2009), poderíamos posicionar a contemporaneidade como "uma singular relação com o próprio tempo que adere a este e, ao mesmo tempo, dele toma distâncias; mais precisamente, essa é *a relação com o tempo que a este adere através de uma dissociação e um anacronismo*" (p. 59. Grifos do autor). Frente a esta opção, em estudar as práticas pedagógicas contemporâneas, selecionamos relatos de experiência de práticas que se autonomeiam como inovadoras e interativas, publicados em variados periódicos nas áreas da Educação e do Ensino, conforme desenvolveremos mais adiante. A escolha dos relatos também decorreu de um recorte temporal, demarcado pela opção de elaborações desenvolvidas a partir do ano de 2010, ano da publicação das novas diretrizes curriculares para a educação básica.

Para engendrar as problematizações desenvolvidas nesse estudo, faremos uso da noção de epistemologia social, tal como proposta por Thomas Popkewitz (2014). Consideramos como foco da investigação da qual este estudo deriva, então, a constituição de determinados sistemas de pensamento que ordenam e classificam nossas reflexões e regimes de práticas acerca da escola. De forma específica, os estudos de Popkewitz permitem-nos examinar as racionalidades políticas que orientam a escolarização e que, concomitantemente, "geram teses culturais sobre modos de vida específicos" (2014, p. 15). Para o desenvolvimento desse modo de proceder, faz-se necessário um olhar histórico acerca dos modos de constituição dos objetos da escolarização. Nessas condições analíticas, podemos perceber tais objetos "como eventos para estudar, interrogando como se tornaram possíveis e quais suas condições de possibilidade" (Popkewitz, 2014, p. 16).

Mobilizar investigações inspiradas na noção de epistemologia social, dentre outras dimensões, supõe ainda o reconhecimento destas formas de racionalidade de modo ampliado, posicionando-as "como um evento, como foco de estudo e como política de escolarização" (p. 16). Importa assinalar que tal posicionamento investigativo inspira-se em referenciais contemporâneos, ligados ao pensamento filosófico de Michel Foucault e Gilles Deleuze. De acordo com Popkewitz, "o pensamento sobre a epistemologia social oferece uma maneira de pensar sobre as tradições críticas que focalizam as construções epistemológicas e ontológicas enquanto objetos relacionados à governamentalidade de Foucault e a atenção de Deleuze ao poder como uma prática definida em relações sociais" (2014, p. 16).

Assim sendo, sinalizamos que o tratamento analítico produzido acerca dos relatos de experiência selecionados para a análise privilegiará uma descrição de suas formas de organização, da mesma forma que uma abordagem histórica dos seus modos de constituição. Distanciamo-nos da possibilidade de pensar as tecnologias pedagógicas engendradas como produtos endógenos aos fazeres docentes; mas, antes disso, reconhecemos que sua intensidade é derivada das condições culturais de nosso tempo. Ao reconhecermos que se tornou recorrente, nas variadas modalidades e etapas da educação básica, a busca por metodologias de ensino diferenciadas e inovadoras, que sejam atrativas para os estudantes e, ao mesmo tempo, possam contribuir para a permanente busca pela excelência, optamos em colocar sob suspeita os modos pelos quais essas verdades pedagógicas são epistemologicamente construídas nas pedagogias contemporâneas.

Como caracterização das condições sociais de nosso tempo, escolhemos a leitura de Gilles Lipovetsky e Jean Serroy acerca de um "capitalismo artista" (2015), na qual as questões do design e do estilo tornam-se imperativos econômicos estendidos a diferentes âmbitos sociais. A partir dessas condições, ancorados teoricamente no campo dos Estudos Curriculares, trabalharemos neste capítulo com a perspectiva de que, *contemporaneamente, novas tecnologias pedagógicas são colocadas em cena no contexto brasileiro, articulando produtivamente as noções de estetização pedagógica, aprendizagens ativas e práticas curriculares.*

A consolidação das metodologias ativas: breves incursões históricas

Tal como sinalizamos no primeiro capítulo, a literatura contemporânea acerca das teorizações pedagógicas sinaliza que está em curso um deslocamento explicativo dos processos educacionais, da instrução para a aprendizagem (Hamilton, 2002; Popkewitz, 2009; Noguera-Ramírez, 2011). Após a predominância de uma sociedade instrucional, por quase quatro séculos, atualmente argumenta-se em torno da instauração de uma sociedade de aprendizagem, descrita como um "novo renascimento educacional" (Hamilton, 2002, p. 190). Sob as condições da globalização, de acordo com o historiador David Hamilton, a noção de sociedade de aprendizagem tem se mostrado com uma dupla finalidade — "ela é ao mesmo tempo uma fonte de desenvolvimento social e um meio de desenvolvimento econômico" (2002, p. 190). As concepções de conhecimento, currículo, ensino, docência e de formação de professores são redimensionadas, ora no âmbito de uma individualização dos percursos, ora com ênfase nas mudanças do aparato técnico-científico que perfaz a escolarização.

Em tais condições pedagógicas, contata-se que "os alunos são estimulados a achar seu próprio caminho pelas ramificações de um

CUSTOMIZAÇÃO CURRICULAR NO ENSINO MÉDIO

hipertexto de conhecimento" (Hamilton, 2002, p. 192). Ao atribuir centralidade educativa aos estudantes e ao seu potencial de aprendizagem — descrito em termos individuais no âmbito de um "aprender a aprender" — poder-se-ia inferir que "o apelo popular da sociedade da aprendizagem está vinculado ao avanço das liberdades individuais" (p. 192). De forma aproximada, Noguera-Ramírez (2011) pontua que o conceito de aprendizagem, em suas formas hodiernas, associa-se à expansão da governamentalidade neoliberal[1], tomando como base para sua ação de governar as noções de "liberdade, interesse, agência e autorregulação dos indivíduos" (p. 230). Conforme o pesquisador colombiano, percebemos a emergência e a consolidação de um *"Homo discentis"*.

> Podemos dizer que a aprendizagem é hoje a forma do governamento pedagógico, o governamento não mais do cidadão, mas do "aprendiz permanente", do *Homo discentis*. Aprender ao longo da vida, aprender a aprender é a divisa do governamento contemporâneo. Estamos sendo compelidos a nos comportar como aprendizes permanentes, que moram em sociedades de aprendizagem ou cidades educativas (Noguera-Ramírez, 2011, p. 230).

De uma perspectiva sociológica, Varela (1996) expõe que, atualmente, predominam as pedagogias psicológicas como estratégia privilegiada de intervenção educativa. Tais pedagogias, em sua caracterização bastante conhecida, sugerem que "a criatividade e a atividade infantis são promovidas e potencializadas e as categorias espaço-temporais devem ser flexíveis e adaptáveis às necessidades de desenvolvimento dos alunos" (Varela, 1996, p. 98-99). Atribui-se ênfase aos ritmos individuais dos estudantes, suas possibilidades de interesse e suas relações interpessoais, colocando em ação determinadas

---

1. A noção de governamentalidade neoliberal, derivada dos estudos políticos de Michel Foucault, recorrentemente tem sido utilizada no campo dos Estudos Curriculares (Veiga-Neto, 2013; Silva, 2015b).

formas de investimento subjetivo. Tal como os autores anteriormente referidos, Varela também enfatiza a era do "aprender a aprender".

Se no período instrucional predominavam estratégias de ensino, de natureza coletiva, na atualidade o centro gravitacional dos saberes pedagógicos é deslocado para a subjetividade dos indivíduos (Marín-Díaz, 2015). Em outras palavras, na era do aprender a aprender, as pedagogias psicológicas baseiam-se "em tecnologias cuja aplicação implica uma relação que torna os alunos tanto mais dependentes e manipuláveis quanto mais liberados se acreditem" (Varela, 1996, p. 102). Ao investirem na liberdade, constrói-se um novo perfil formativo como campo de investimentos para a escolarização, materializado nas concepções de personalização e flexibilidade.

> Explica-se, pois, que esteja no auge uma programação educativa opcional, preparada e disponível, na qual o culto à personalização se incrementa. A educação institucional volta-se cada vez mais à busca de si mesmo, a viver livremente sem coações, sem esforços, no presente. Trata-se de formar seres comunicativos, criativos, expressivos, empáticos, que interajam e comuniquem bem. Essas personalidades flexíveis, sensíveis, polivalentes e "automonitorizadas" — capazes de autocorrigir-se e autoavaliar-se — estão em estreita interdependência com um neoliberalismo consumista que tão bem se harmoniza com identidades moldáveis e diversificadas em um mercado de trabalho cambiante e flexível que precisa de trabalhadores preparados e disponíveis para funcionar (Varela, 1996, p. 102).

Assim sendo, considerando as observações de Noguera-Ramírez (2011) e Varela (1996), poderíamos localizar a emergência dessas concepções pedagógicas na primeira metade do século XX, através de pensadores como Edouard Claparède[2]. Em uma breve digressão

---

2. O pensamento de Claparède, segundo Arce e Simão (2007), foi "representante da psicologia influenciada pela biologia e pelo evolucionismo, e essas duas ciências foram de grande importância para o autor, pois serviram de base para sua teoria de desenvolvimento infantil e consequentemente de educação" (p. 40).

CUSTOMIZAÇÃO CURRICULAR NO ENSINO MÉDIO

histórica, vale destacar que a abordagem do psicólogo suíço influenciou um conjunto de estudos educacionais ao longo do século XX, sobretudo aqueles empenhados no estudo do desenvolvimento humano através de sua proposição de uma "educação funcional" (Arce; Simão, 2007). Entretanto, para fins da sistematização proposta para esta seção, priorizaremos um texto emblemático que irá assinalar suas contribuições para pensar a escolarização, bem como demarcará sua aproximação epistemológica ao movimento escolanovista.

Em seu texto "A escola sob medida", Claparède dirige-se aos educadores para destacar a diversidade das aptidões dos estudantes e a necessidade de produção de reformas na organização das instituições escolares para atendê-las. Ao direcionar seu estudo pedagógico para os indivíduos, o psicólogo suíço enfatiza a noção de "aptidão". Em sua definição, uma aptidão seria "uma disposição natural a comportar-se de certa maneira, a compreender ou sentir de preferência certas coisas ou a executar certas espécies de trabalho (aptidão para a música, para o cálculo, para as línguas estrangeiras etc." (Claparède, 1973, p. 167). A diversidade das aptidões, então, decorreria da própria variedade das individualidades. Seriam variáveis de acordo com o sexo e com a idade, bem como se diferenciariam em qualidade e em quantidade. De acordo com Claparède, "a escola esquece completamente as diferenças qualitativas de aptidão, e são as mais importantes" (p. 168).

Partindo da problematização antes explicitada, o psicólogo dirige sua atenção para produzir uma crítica da escola de seu tempo, na medida em que a instituição privilegiava "o aluno médio", através da atribuição de notas.

> Mas, o que é lastimável é o fato de a escola pensar ter realizado tudo, quando atribuiu esta nota, quando estabeleceu tal distinção. Esta determinação é, para ela, um ponto de chegada, quando deveria ser um ponto de partida: os fortes, os medíocres e os fracos não são tratados diferentemente, são obrigados a andar no mesmo ritmo, o que é nocivo a uns e outros. Não parece suspeitar que uma notação é um processo didático (Claparède, 1973, p. 172).

Seria necessário que a escola levasse em conta as diferenças individuais? Mesmo reconhecendo que, historicamente, a escola operava no nível da padronização, o psicólogo seguirá defendendo que se fazia urgente uma superação das pedagogias centradas no "aluno médio" — "um tipo monstruoso e antinatural" (Claparède, 1973, p. 173). Na lógica da argumentação claparediana, um dos primeiros aspectos a serem reconhecidos seriam as capacidades naturais dos estudantes. Em outras palavras, para produzir uma educação que atenda às variações individuais, era necessário reconhecer que "um indivíduo só produz na medida em que se apela para suas capacidades naturais, e que é perder tempo querer por força desenvolver nele capacidades não-possuídas" (Claparède, 1973, p. 174). Esse aspecto também indicava uma crítica aos programas escolares uniformes.

Ao postular a centralidade dos interesses individuais dos estudantes e de sua variedade de aptidões, Claparède passa a defender a constituição de uma "escola sob medida". Isso poderia ser desenvolvido através de classes paralelas, classes móveis e, principalmente, o "sistema de opções", no qual "a maior parte [do tempo] era deixada às ocupações individuais de cada aluno" (Claparède, 1973, p. 178). Exemplar, nessa direção, seria a discussão sobre os critérios para a organização das turmas baseados na diferenciação.

> Parece-me, além disto, que a criação de classes fortes e fracas não poderia resolver de modo satisfatório o grave problema das aptidões. O que importa, com efeito, não é tanto diferenciar as crianças conforme o vulto de sua capacidade de trabalho, senão conforme a variedade de suas aptidões. Tal classificação quantitativa, seria preciso substituí-la por uma classificação qualitativa. A escola atual sempre quer *hierarquizar*; antes de mais nada, o importante é *diferenciar*. Esta ideia fixa de hierarquia vem do emprego dos diversos sistemas empregados para aguilhoar os alunos: boas notas ou más, filas, castigos, concursos, prêmios... (Claparède, 1973, p. 181-182. Grifos do autor)

Parece-nos que, com Claparède, vemos enunciada uma virada nas formas de intervenção pedagógica engendradas na primeira metade do século XX (Noguera-Ramírez, 2011). O psicólogo defende uma mudança de ênfase, da hierarquização para a diferenciação, que, com maior ou menor intensidade, seria levada adiante ao longo da Contemporaneidade Pedagógica. Essa forma pedagógica diferenciadora[3] tomaria como foco o indivíduo, pois o interesse da criança seria "a grande alavanca" do trabalho dos professores. O interesse, cabe explicar, estaria vinculado a um sistema de opções, uma vez que "em nossas sociedades, o indivíduo é tudo" (Claparède, 1973, p. 187).

Emergia dos estudos claparedianos, enfim, a noção de "escola sob medida", capaz de atender às variações individuais das aptidões.

> Como arranjar então para realizar o que de outra vez chamei, numa conferência na Sociedade Médica (em 1901), a *escola sob medida*? E, já que assim nos exprimimos, e por muitas vezes já o fizemos, quisera desfazer um mal-entendido. Pensou-se várias vezes que, por *escola sob medida*, uma escola onde se mediam os alunos! Nem se precisa dizer que estas palavras significam apenas uma escola adaptada à mentalidade de cada um, uma escola que se acomode tão perfeitamente aos espíritos, quanto uma roupa ou um calçado sob medida o fazem para o corpo ou para o pé (Claparède, 1973, p. 187. Grifos do autor).

O sistema de opções que dá forma a "escola sob medida", nomeado pelo psicólogo suíço como "regime de futuro", tomaria como alvo os próprios indivíduos. Mais que isso, o objetivo desta forma de intervenção pedagógica "será aquele que permitir a cada aluno agrupar o mais livremente possível os elementos favoráveis ao desenvolvimento de suas aptidões particulares" (Claparède, 1973, p. 188). Como descrevemos anteriormente, a forma escolar delineada por Claparède permitirá o desenvolvimento das pedagogias diferenciadas nas condições contemporâneas. Em nossa percepção, o

---

3. Atualmente, dentre outras formas de nomear, tornou-se recorrente a busca por pedagogias diferenciadas, geralmente vinculadas à formação humana através de competências, configurando o que Duarte (2001) nomeou como "pedagogias do aprender a aprender".

texto "A escola sob medida", escrito na primeira metade do último século, apresenta-se como uma chave de leitura para compreender os direcionamentos da Contemporaneidade Pedagógica. Em linhas gerais, hodiernamente, as metodologias ativas adquiriram intensa potencialidade pedagógica, sobretudo por estarem sintonizadas aos pressupostos das aprendizagens permanentes (Popkewitz, 2009), à centralidade das pedagogias psicológicas — e sua ênfase nos indivíduos — (Varela, 1996) e à promoção de metodologias diferenciadas e inovadoras (Silva, 2015a; Silva, 2016). Em termos contextuais, talvez estejamos diante da emergência de um novo arranjo capitalista, no qual as questões da estética, do design e da inovação são potencializadas, inclusive em termos de novas tecnologias pedagógicas. As possibilidades curriculares "sob medida", valendo-nos da expressão claparediana, são intensificadas através das novas formas de gestão da aprendizagem e da promoção de estratégias interativas, conforme evidenciaremos em breve diagnóstico na próxima seção.

A gestão da aprendizagem e a promoção de estratégias interativas: um cenário

Ao mesmo tempo em que diagnosticamos uma centralidade das metodologias diferenciadas e sua ênfase nos indivíduos, de forma ambivalente, também faz-se possível perceber a emergência de novos dispositivos de regulação das práticas curriculares atuais. Isto pode ser constatado nas novas formas de gerenciamento das populações escolares (Grinberg, 2015), na ressignificação do lugar ocupado pelos conhecimentos escolares (Díaz-Villa, 2014; Moreira, 2012), ou mesmo nas intervenções governamentais baseadas em regimes de medição comparativa (Biesta, 2014; Veiga-Neto, 2013). De uma forma geral, valendo-nos da sistematização de Biesta (2014), poderíamos afirmar que tais aspectos "contribuem para uma contínua normalização, harmonização e unificação da esfera educativa" (p. 47). De acordo com o autor, estaríamos "no auge de uma cultura da medição" (p. 48), na qual o indivíduo torna-se alvo e ator privilegiado.

Emergem dessas condições, dentre outras questões, uma retórica acerca da responsabilidade técnica dos atores políticos, favorecendo com que hoje se proliferem modelos de "gestão da aprendizagem". A noção de eficácia, por exemplo, ocupa papel estratégico nesta gramática política na medida em que tem "um valor instrumental, um valor que expressa algo sobre a capacidade de certos processos de gerar resultados" (Biesta, 2014, p. 53). Paradoxalmente, em contextos de pobreza urbana, as instituições escolares tornam-se, segundo Grinberg (2015), "sobrecarregadas e/ou com sobreposição de tarefas" (p. 123). No âmbito das estratégias de gestão da aprendizagem adquire força, contemporaneamente, a promoção e o desencadeamento de formas pedagógicas interativas, inovadoras e criativas, sintonizadas com as lógicas da individualização dos percursos formativos — apresentadas anteriormente —, bem como com as demandas advindas de um novo arranjo capitalista, ancorado na "estetização da vida" (Lipovetsky; Serroy, 2015).

De acordo com Lipovetsky e Serroy (2015), as lógicas produtivas de nosso tempo estão sendo reconfiguradas, atribuindo condições para a emergência de um "capitalismo artista". A economia e a cultura, ao se articularem produtivamente, sugerem que "estamos no momento em que os sistemas de produção, de distribuição e de consumo são impregnados, penetrados, remodelados por operações de natureza fundamentalmente estética" (p. 13). Os autores esclarecem, todavia, que essas condições não tornam o capitalismo menos agressivo, uma vez que "a lei homogênea do arrazoamento e da economização do mundo é que leva a uma estetização sem limites e ao mesmo tempo pluralista, privada de unidade e de critérios consensuais" (Lipovetsky; Serroy, 2015, p. 15).

Questões estéticas, publicitárias e artísticas são posicionadas no âmbito da criatividade, do estilo e da inovação e, com maior ou menor intensidade, através de "lógicas de mercantilização e de individualização extremas" (p. 27). Tornou-se comum o desencadeamento de processos de design, customização e gourmetização, a partir de uma inflação estética, que potencializam um novo estágio da economia.

> São novas estratégias empregadas pelas empresas, que contribuem para constituir um novo modelo econômico em ruptura com o capitalismo da era industrial. Diferentemente da regulação fordiana anterior, o complexo econômico-estético é menos centrado na produção em massa de produtos padronizados do que nas estratégias inovadoras, quais sejam, a diferenciação dos produtos e serviços, a proliferação da variedade, a aceleração do ritmo de lançamento de novos produtos, a exploração das expectativas emocionais dos consumidores: um capitalismo centrado na produção foi substituído por um capitalismo de sedução focalizado nos prazeres dos consumidores por meio das imagens e dos sonhos, das formas e dos relatos (Lipovetsky; Serroy, 2015, p. 42).

As características de um capitalismo artista sinalizam para uma estetização da vida, na busca por diferenciação, ligando o econômico com as formas de sensibilidade. Seguindo a abordagem dos pensadores franceses, poderíamos sistematizar, pelo menos, quatro lógicas que organizam esse capitalismo. A primeira lógica diz respeito à integração do estilo, da sedução e da emoção nos diferentes produtos, objetos e serviços prestados hodiernamente. A segunda lógica remete-se a uma "generalização da dimensão empresarial das indústrias culturais e criativas" (Lipovetsky; Serroy, 2015, p. 47). O componente estético, anteriormente periférico, torna-se uma nova superfície de intervenção econômica, sendo esta a terceira lógica. Por fim, a quarta e última lógica, "o capitalismo artista não cessa de construir universos ao mesmo tempo mercantis e imaginários" (p. 49). Em outras palavras, estamos diante de uma economia da sedução.

Para fins da analítica proposta nesta seção, gostaríamos ainda de enfatizar um aspecto em particular que nos auxilia a compreender a estetização pedagógica no Brasil que diz respeito ao estilo como um novo imperativo econômico. Conforme Lipovetsky e Serroy (2015), em torno dessa questão, "a generalização do design nas indústrias

CUSTOMIZAÇÃO CURRICULAR NO ENSINO MÉDIO

de consumo aparece como a característica mais evidente do avanço espetacular do capitalismo transestético" (p. 49). Aromas, sons, sensações, modos de ser e sentir, aprendizagens, hábitos ou hobbies, dentre outros aspectos da vida individual, passam a ser explicados através do estilo e do design. Busca-se a beleza, a originalidade e a inovação, delineando-se uma estetização dos espaços públicos e privados.

> Tudo em nosso ambiente de objetos, de imagens e de sinais é hoje retocado, designeado, paisageado tendo em vista a conquista de mercados: o capitalismo de hiperconsumo é o da artealização exponencial de todas as coisas, da extensão do domínio do belo, do estilo e das atividades artísticas ao conjunto dos setores ligados ao consumo. Quanto mais a lógica midiático-mercantil triunfa, mais a oferta comercial é o objeto de um trabalho de estilo: com o capitalismo criativo e transestético o que se instala é menos o recuo do belo do que um excesso de arte, uma animação estética sem fronteiras, uma cosmetização ilimitada do mundo (Lipovetsky; Serroy, 2015, p. 51).

Nas condições de uma "cosmetização ilimitada do mundo", tal como descrita pelos autores, "a inovação criativa tende a se generalizar, infiltrando-se num número crescente de outras esferas" (Lipovetsky; Serroy, 2015, p. 65). Ao articular elementos estéticos e econômicos, através de uma significativa hibridização, o capitalismo artista "remodela ao mesmo tempo a esfera dos lazeres, da cultura e da própria arte" (p. 65). Na leitura que estamos propondo neste capítulo, essas lógicas perfazem a escolarização contemporânea, tanto pela opção de metodologias ativas baseadas em soluções didáticas inovadoras, quanto pela seleção dos conhecimentos escolares, dimensionadas no âmbito de uma personalização dos percursos formativos. Percebemos em curso no Brasil um movimento significativo de estetização pedagógica, que acentua, de forma ambivalente, a individualização e o mercado da experiência, potencializando a busca pela performatividade e a fabricação de desempenhos, como explica o sociólogo Stephen Ball (2014a; 2014b). Com bastante intensidade, essas concepções poderiam ser derivadas de determinadas teorias organizacionais, produzidas no final do século XX, que estendem a racionalidade neoliberal para as instituições contemporâneas, atribuindo especial atenção às escolas. Os escritos de Peter Drucker — e sua descrição da "pessoa instruída" nos marcos de uma era do "aprender a aprender" — são exemplares nessa direção.

Em uma obra publicada no final da década de 1980, intitulada "The new realities", Peter Drucker (1991) pretendia apresentar um diagnóstico das mudanças em curso no final do século XX, em diferentes âmbitos, tais como o governo, a política, a economia, as empresas, a tecnologia e a educação. A emergência de uma sociedade do conhecimento, de acordo com o autor, traria novas responsabilidades para as instituições escolares, comparáveis aquelas produzidas pela utilização dos livros impressos há cerca de três séculos. Em suas palavras, "uma economia na qual o conhecimento está se tornando o verdadeiro capital e o principal recurso gerador de riquezas irá exigir e, com rigor, coisas novas das escolas no que se refere ao desempenho educacional e à responsabilidade educacional" (Drucker, 1991, p. 199).

A produção de mudanças na escolarização passaria pelo reconhecimento e promoção de novas formas de ensinar e aprender, mais sintonizadas com as demandas da sociedade e da economia. Drucker sinalizava que seria necessário repensar "o que significa ser uma pessoa instruída" (1991, p. 199), implicando em repensar a própria concepção de conhecimento, visto que "muitas das tradicionais disciplinas escolares estão se tornando estéreis, ou mesmo obsoletas" (p. 199). O autor advoga pela importância da escolarização; entretanto, reinscreve-as no âmbito das aprendizagens permanentes.

> Nem o melhor sistema escolar, nem aquele que oferece o maior número de anos de estudo, podem preparar um aluno para todas essas opções. O máximo que pode fazê-lo é prepará-lo para aprender. A sociedade instruída pós-empresarial é uma sociedade de aprendizagem contínua e de segundas carreiras (Drucker, 1991, p. 200).

Adquire centralidade, em tais condições, a importância de uma nova concepção acerca do "indivíduo instruído". De acordo com Drucker, "a educação propulsiona a economia e molda a sociedade". Mas ela o faz através de seu 'produto', o indivíduo instruído" (1991, p. 209). O indivíduo instruído seria o produto oferecido pelas escolas para o desenvolvimento econômico, favorecendo-lhe uma preparação adequada. Para tanto, o próprio papel do professor é reorientado, de maneira que possa "identificar os pontos fortes do aluno e direcionar um talento à sua realização" (p. 212). Objetivamente, seria responsabilidade docente a promoção contínua de novas experiências de aprendizagem, adaptadas aos perfis individuais de cada um dos estudantes.

Todavia, sua crítica mais contundente será direcionada para as disciplinas escolares, sobretudo aquelas ligadas ao campo das humanidades.

> O que importa é que o aprendizado do especialista acadêmico está rapidamente deixando de ser "conhecimento". É no máximo "erudição" ou, mais frequentemente, meros "dados". As disciplinas e os métodos que produziram conhecimento nos últimos duzentos anos já não são mais plenamente produtivos, pelo menos fora das ciências exatas e naturais. A rápida proliferação de trabalhos transdisciplinares ou interdisciplinares confirma que, de fato, novos conhecimentos já não podem ser obtidos a partir das disciplinas em torno das quais o ensino, o aprendizado e a pesquisa se organizaram nos séculos XIX e XX (Drucker, 1991, p. 215).

Assim, nas condições do neoliberalismo contemporâneo, vemos enunciar-se uma opção pelo uso de metodologias ativas, sintonizadas com as demandas de formação humana para o novo século no qual a "pessoa instruída" é capaz de aprender permanentemente. Emerge a necessidade de uma gestão da aprendizagem através do engendramento de determinados dispositivos curriculares mais criativos, mais inovadores e mais personalizados. A opção pela personalização dos percursos formativos, sob essa argumentação, é reinscrita contemporaneamente nas condições de uma "estetização da vida" (Lipovetsky; Serroy, 2015). Por meio de uma centralidade das metodologias ativas e do favorecimento de práticas curriculares inovadoras, vemos a instauração (e a rápida consolidação) de movimentos de estetização pedagógica. Tal estetização remete-nos a recorrência de métodos gourmetizados, estilizados e customizados, tornando o espaço formativo da aula um grande jogo de perguntas e respostas — um *quiz*. A partir da análise de relatos de experiências pedagógicas, recentemente publicados na área da Educação e do Ensino, exploraremos — de forma preliminar — essa questão a seguir.

Quando a aula se torna um *quiz* — dispositivos de estetização pedagógica

Tal como argumentamos até este momento, recentemente tornou-se recorrente falarmos em práticas curriculares centradas na noção de gestão da aprendizagem. Os variados sistemas de ensino, públicos e privados de nosso país, assumem uma pauta formativa centrada em noções como personalização, customização, ensino híbrido e outros agenciamentos de atividades com foco em aprendizagens individualizadas. Mais que isso, temos constatado uma centralidade de soluções didáticas ancoradas em dispositivos de estetização pedagógica, capazes de promover inovação e interatividade. Acompanhando oito relatos de práticas pedagógicas desenvolvidas no contexto brasileiro, consideradas como exitosas no Ensino Médio, buscadas para este levantamento preliminar, percebemos que determinadas formas de gestão da aprendizagem eram promovidas e intensificadas, dentre as quais despertou nossa atenção as seguintes soluções: *Peer instruction, Think-Pair-Share, In class exercise, Team-based learning* e *Case study*. Com suas especificidades, cada uma destas estratégias potencializa práticas curriculares específicas e mobiliza modos específicos de seleção e organização dos conhecimentos escolares.

Em comum a essas soluções didáticas, sintonizadas com a "era do aprender a aprender" e o contexto do "capitalismo artista" (Lipovetsky; Serroy, 2015), nos variados espaços de educação ou nos múltiplos espaços de informação e de entretenimento, tornou-se recorrente postular a importância da interatividade entre os emissores e receptores. Um dos dispositivos engendrados atualmente, que adquiriram maior visibilidade são os jogos de questionários que estimulam a interação com o público. A forma mais comum de nomeá-los é "*quiz*". Em geral, neste formato de interatividade, podem participar um grupo significativo de pessoas que tentam acertar, individualmente, as respostas das questões propostas em formato de múltipla escolha.

Programas televisivos, emissoras de rádio, plataformas digitais, espaços formativos diversos, ao estimularem a participação de seus públicos, começam a fazer uso desse recurso. Recentemente, tal como descreveremos a seguir, o *quiz* passou a ser considerado como um dispositivo importante para as práticas curriculares, na medida em que promove aulas dinâmicas, interativas e inovadoras, potencializando certos modos de seleção e organização do conhecimento escolar alicerçados em dispositivos de estetização pedagógica. Examinaremos atentamente, a seguir, o regime de implementação de três soluções didáticas mais divulgadas nos relatos de experiência selecionados.

Criado nos anos de 1990 pelo professor Eric Mazur, da Universidade de Harvard, o *Peer Instruction* — ou aprendizado aos pares — tem sido apresentado como uma importante inovação pedagógica a ser implementada nos cursos de ensino médio em todo o mundo. No Brasil, especificamente, encontramos uma variedade de estudos e de relatos de experiência que fizeram uso dessa atividade (Muller *et al.*, 2012; Araújo; Mazur, 2013; Campagnolo *et al.*, 2014). Em linhas gerais, trata-se de uma abordagem metodológica que estimula o desenvolvimento de práticas interativas, na medida em que os estudantes estudam previamente determinados conteúdos e na sala de aula, em momento posterior, interagem através de uma variedade de dispositivos e procedimentos pedagógicos.

Com esse procedimento, os docentes realizam uma apresentação geral dos conceitos que comporão a aula, de forma bastante breve, logo em seguida inicia um *Conceptest*, com perguntas de múltipla-escolha apresentadas aos estudantes a cada dois minutos. As respostas são explicitadas ao professor de variadas formas; entretanto, predominariam dispositivos eletrônicos como sistemas de votação eletrônica (*clickers*), por exemplo.

> Caso a frequência de acertos se situe entre 35% e 70%, os alunos são orientados a formar pequenos grupos, preferencialmente com colegas que tenham optado, no Teste Conceitual, por alternativas diferentes, e discutir por cerca de três minutos, quando votam novamente. O objetivo é que os alunos reflitam individualmente e, depois, discutam em grupo suas respostas, antes do professor informar qual é a correta (Muller *et al.*, 2012, p. 495).

Uma das potencialidades desse procedimento pedagógico refere-se ao fato de se constituir em uma metodologia ativa. Outros relatos de experiência focalizam a motivação do estudante frente ao *Peer Instruction*, na medida em que se trata de um "estímulo inicial para que ele deixe a condição de agente passivo no processo de aprendizagem para atuar de forma efetiva na construção do próprio conhecimento" (Campagnolo *et al.*, 2014, p. 80). Inspirado nos escritos de Mazur, os relatos de experiência examinados sugerem que "a metodologia está centrada na aprendizagem e na aplicabilidade de conceitos básicos, exigindo-se que o estudante pense e reflita sobre eles" (Campagnolo *et al.*, 2014, p. 81). Em estudo publicado por Araújo e Mazur (2013) defende-se a referida estratégia como uma proposta de engajamento dos estudantes, na interatividade e na promoção de alternativas pedagógicas com foco na aprendizagem significativa, sendo, ao mesmo tempo, atraente e flexível.

Outro procedimento que amplamente tem sido evidenciado nas práticas curriculares do Ensino Médio é o *Think-Pair-Share*. Baseado em três ações — pensar, agrupar e compartilhar —, é organizado com os

CUSTOMIZAÇÃO CURRICULAR NO ENSINO MÉDIO

estudantes em duplas, discutindo uma questão proposta pelo professor. Após registrarem sua resposta, a partir de determinadas orientações, é realizado um sorteio para verificar a dupla que compartilhará sua resposta com a turma. A intenção é tornar a aula atrativa e colaborativa, pois a partir dessa resposta amplia-se o campo de argumentação através da contribuição dos demais colegas (Fernandes; Pinto, 2015; Oliveira, 2014).

Posicionada também enquanto uma metodologia ativa, nota-se uma preocupação em produzir ambientes colaborativos, centrados na aprendizagem, que favoreçam aos estudantes vivenciar outras atitudes frente ao conhecimento. Constata-se ainda uma preocupação em desencadear estratégias simples, mas que garantam eficácia em seus resultados. O trecho a seguir evidencia um relato de experiência no ensino de Geografia.

> Seu desenvolvimento se dá por "tabelas organizadoras", onde o aluno deve classificar aquilo que ele aprendeu em seu estudo prévio, quais ideias ele compartilhou com seu colega e, por fim, o que ele conseguiu entender compartilhando o conhecimento em sala de aula (Fernandes; Pinto, 2014, p. 5-6).

De acordo com o relato analisado, o *Think-Pair-Share* constitui-se como uma importante metodologia inovadora, centrada na atividade dos estudantes e no compartilhamento de aprendizagens. De acordo com os professores que implementaram a referida prática, o uso de métodos inovadores mostra-se "essencial não apenas para o nível superior, como também para o ensino médio e é altamente eficaz na formação de alunos capacitados ao nível superior e ao mercado de trabalho" (Fernandes; Pinto, 2014, p. 12). Podemos notar aqui uma ênfase no protagonismo dos estudantes.

Outra estratégia baseada em metodologias ativas, recorrentemente sugerida nas aulas de Ensino Médio é o *Team-Based-Learning* (TBL) ou Aprendizagem Baseada em Equipes. Mais uma vez acompanhando publicações de relatos de experiência, notamos que essa metodologia baseia-se no trabalho em equipe e na resolução de problemas; todavia, tal como as anteriores, estrutura-se a partir de perguntas sendo realizadas pelos professores ao estudantes, respondidas a partir de seu estudo prévio. Alguns relatos, como o de Sousa *et al.* (2015), apresentam o TBL como uma possibilidade de avaliação formativa, que "visa capacitar e formar estudantes de forma ativa, desenvolver a capacidade de reflexão sobre as questões propostas, tornando-os protagonistas no processo de ensino-aprendizagem" (Sousa *et al.*, 2015, p. 1). Outros relatos, como o de Dias (2015), em experiência no ensino em curso técnico na área da saúde, sinalizam a mudança no perfil dos estudantes. Em sua abordagem, "o aluno torna-se mais ativo e colaborativo, características que irão contribuir para o desenvolvimento de competências profissionais (liderança, comunicação e trabalho em equipe) exigidas pelo novo mercado de trabalho" (Dias, 2015, p. 76). Os grupos de trabalho são variáveis, mas geralmente são compostos por equipes de cinco a sete alunos.

A estratégia TBL foi desenvolvida por Harry Michaelsen em cursos de administração de empresas nos anos de 1970. De acordo com Bollela *et al.* (2014), são três as etapas principais desta metodologia, conforme evidenciaremos na tabela a seguir.

Tabela 1. Etapas para a execução da *Team-Based-Learning* (TBL)

1. Preparação	2. Garantia do preparo	3. Aplicação de conceitos
Pré-classe	Na classe	Na classe
• Estudo individual • Entrevista • Conferência • Filmes • Experimentos etc.	• Teste individual • Teste em equipe • Apelação • *Feedback* do professor	• Testes múltipla-escolha • Questões verdadeiro-falso • Casos clínicos: diagnóstico, exames, terapêutica

Fonte: Bollela *et al.* (2014), p. 294.

De acordo com o relato antes indicado, a principal inovação da metodologia TBL encontra-se no trabalho em equipe e no potencial de liderança que promove. Os estudos prévios e os testes individuais e em grupos, de acordo com o relato, sugerem uma mudança no perfil do estudante. Assim, os estudantes "saem da posição de receptores passivos da informação para a condição de responsáveis pela aquisição do conhecimento e membros integrantes de uma equipe que trabalha de forma colaborativa para compreender como aplicar o conteúdo na solução de problemas realísticos e contextualizados" (Bollela *et al.*, 2014, p. 298). A ênfase em competências ligadas ao desenvolvimento da liderança é enfatizada através da resolução de problemas e/ou questões apresentadas pelo professor, sinalizando para uma abordagem colaborativa, dinâmica e alicerçada na atividade dos estudantes.

Ao retomarmos as problematizações engendradas neste capítulo, consideramos importante retomar nossa opção pelo exame das práticas pedagógicas contemporâneas. A opção pelo contemporâneo, sinalizada pelo pensamento de Agamben em nossa epígrafe, inscreve-se no desafio de "mergulhar a pena nas trevas do presente". Nas palavras do filósofo, "ser contemporâneo é, antes de tudo, uma questão de coragem: porque significa ser capaz não apenas de manter fixo o olho no escuro da época, mas também de perceber nesse escuro uma luz que, dirigida para nós, distancia-se infinitamente de nós" (2009, p. 65). Pensar o contemporâneo, sob essa perspectiva, permite-nos também produzir movimentações críticas, indicar possibilidades de transformação e promover a leitura de inéditos na história.

Todavia, a partir de um diagnóstico de centralidade das noções de estetização pedagógica e aprendizagens ativas nas práticas curriculares analisadas, no contexto brasileiro, caberia interrogar: estaríamos frente a uma fragilização dos processos de seleção e organização do conhecimento escolar? As possibilidades de ensino e transmissão cultural, dimensões derivadas da Modernidade Pedagógica, estariam em declínio? Com a finalidade de fabricar a "pessoa instruída para as novas realidades" (Drucker, 1991) e a emergência de novas formas de estetização da vida através de um "capitalismo artista" (Lipovetsky; Serroy, 2015) vemos intensificarem-se novos dispositivos de estetização pedagógica, demarcados pela personalização, pela customização e pela gourmetização dos fazeres escolares, tomadas enquanto estratégias de gestão das aprendizagens. De maneira exemplar, acerca das práticas curriculares para o Ensino Médio, pretendemos descrever uma ressignificação das formas curriculares contemporâneas, através de uma intensificação das lógicas do estilo e do design, permitindo com que possamos delinear, provisoriamente, os cenários através dos quais a aula se torna um *quiz*. Assim sendo, defendemos que os processos de seleção dos conhecimentos escolares são reinscritos na ordem do ativismo pedagógico, ancorados nas promessas de composição de aulas atraentes, flexíveis e inovadoras.

CAPÍTULO 6

Emocionalização, algoritmização e personalização dos itinerários formativos:
como operam os dispositivos de customização curricular?

Em estudos recentes, ao descrever e analisar as relações entre currículo e conhecimento escolar engendradas no contexto das atuais políticas educacionais, assinalamos a emergência de determinados "dispositivos de customização curricular" (Silva, 2014). Tais dispositivos, de acordo com aquela investigação, potencializam com que os próprios estudantes definam seu percurso formativo, tornando-o flexível, personalizável e criativo. A mobilização das políticas curriculares, através da consolidação das estratégias deste dispositivo, favoreceria "uma intensa flexibilização dos processos formativos, permitindo que os estudantes possam escolher os aspectos concernentes à sua formação escolar" (Silva, 2014, p. 147). Sob as condições do capitalismo contemporâneo, cada vez mais de caráter cognitivo e emocional, emergem um conjunto de racionalidades governamentais que regulam e orientam as pautas curriculares através da articulação entre individualização e responsabilização.

Aceitando a hipótese anteriormente referida, acerca da intensificação dessas racionalidades, neste capítulo pretendemos levar adiante a seguinte formulação interrogativa: *como operam os dispositivos de customização curricular?* Reconhecemos que a composição de um campo de problematizações em torno desta questão, dimensionando-a na interface entre os Estudos Curriculares, a teoria social contemporânea e os estudos foucaultianos sobre a biopolítica, permite com que possamos compreender determinadas nuances das relações entre currículo e conhecimento escolar no interior das políticas implementadas atualmente. Assim sendo, neste momento apresentaremos um conjunto de elaborações teóricas visando ampliar o escopo analítico de nossas investigações e promover novas ferramentas conceituais para pensar sobre as políticas curriculares.

Em termos contextuais, consideramos que as políticas educacionais, nas condições do neoliberalismo, são implementadas através de novos regimes de governança (Ball, 2016). Esses regimes, via de regra, produzem "uma reorganização da arquitetura de regulação e produção política e põem em jogo novos 'métodos' de política, novos atores e a redistribuição da autoridade política e moral" (Ball, 2016, p. 16). Seus modos de intervenção, cada vez mais, dizem respeito a uma ressignificação nas formas de atuação do Estado e um deslocamento das responsabilidades para o plano individual[1]. Todavia, de acordo com Laval (2016), o que melhor explicita a lógica neoliberal na esfera política contemporânea é a intensificação da crise, posicionada enquanto um operador estratégico. Nas palavras do sociólogo, em entrevista recente, poderíamos conceber a crise como "ponto crucial para acelerar o estabelecimento da lógica de mercado e as regras de concorrência no âmago do emprego e da sociedade" (p. 25).

Importante salientar, porém, que na esteira dos estudos foucaultianos sobre a biopolítica[2], interessa-nos examinar outra dimensão do

---

1. Do ponto de vista pedagógico, estudos como os de Biesta (2014), Marín-Díaz (2015), Lima (2010) e Silva (2016) também sinalizam para a centralidade dos processos de individualização.

2. Em seu curso no *Collège de France* de 1979, o filósofo francês argumenta que o neoliberalismo americano propõe-se a tentar "utilizar a economia de mercado e as análises características da economia de mercado para decifrar as relações não-mercantis, para decifrar fenômenos que

neoliberalismo, qual seja: o prolongamento da racionalidade econômica para campos não prioritariamente econômicos (Foucault, 2008). Deriva deste prolongamento a compreensão de que o neoliberalismo pode ser examinado para além da crença na naturalidade do mercado ou na redução do campo de intervenção do Estado, situando-se como racionalidade orientadora das vidas contemporâneas. De acordo com Dardot e Laval, de forma mais ampla, "o neoliberalismo não destrói apenas regras, instituições, direitos. Ele também produz certos tipos de relações sociais, certas maneiras de viver, certas subjetividades" (2016, p. 16). Considerando a natureza produtiva do neoliberalismo, autores como Bröckling (2015), Safatle (2016) e Dardot e Laval (2016) também reconhecem uma reconfiguração da própria pauta política contemporânea, deslocada para a composição de novas figuras de subjetividade movidas pelo empresariamento de si.

Assim sendo, nossa intenção para este texto é produzir um conjunto de problematizações e elaborações críticas acerca da emergência e dos modos de operação dos dispositivos de customização curricular. Ao privilegiar a composição de currículos escolares ajustáveis aos perfis dos estudantes, que contemplem os interesses individuais destes sujeitos e garantam o protagonismo de suas escolhas, os critérios de seleção e organização dos conhecimentos escolares são posicionados desde novas configurações. Nas tramas do neoliberalismo, arriscamos assinalar que os dispositivos de customização são movidos pela emocionalização pedagógica, pela algoritmização subjetiva e pela personalização dos itinerários formativos.

Para tanto, organizamos este capítulo em três seções. Na primeira seção, revisamos possibilidades de análise para as políticas curriculares no contexto neoliberal, valendo-nos das perspectivas teóricas derivadas da tradição crítica em suas limitações e em suas potencialidades. A seguir, em perspectiva sociológica, na segunda seção descrevemos as articulações entre neoliberalismo, biopolítica e capitalismo emocional,

---

não são fenômenos estrita e propriamente econômicos, mas o que se chama, se vocês quiserem, de fenômenos sociais" (Foucault, 2008, 329).

visando delinear provisoriamente as novas subjetividades emergentes deste cenário. Por fim, na terceira seção, tratamos de examinar atentamente cada uma das estratégias de ação colocadas em ação pelos dispositivos de customização curricular.

Políticas curriculares em perspectiva crítica

Produzir reflexões acadêmicas acerca do currículo escolar e das políticas que o engendram não se constitui em uma novidade no campo dos estudos educacionais. Com importância crescente ao longo do século XX, a produção analítica acerca das políticas curriculares assumiu um conjunto variado de perspectivas e modos de abordagem[3]. Lundgren (1997), em sua perspectiva, considera que "atrás de qualquer *curriculum* deve haver um conjunto de princípios através dos quais se formem a seleção, a organização e os métodos de transmissão" (p. 21). Pesquisas sobre a temática privilegiariam as relações de poder implicadas aos fazeres curriculares, sobretudo pela descrição da configuração de um tipo específico de conhecimento.

Sob outro prisma, examinando as mudanças curriculares, Stenhouse (1996) supõe que tais políticas são parciais e fragmentadas. Porém, seu "conceito de investigação e de desenvolvimento curricular se baseia na proposição segundo a qual todos os *curricula* são verificações hipotéticas de teses acerca da natureza do conhecimento e da natureza do ensino e da aprendizagem" (Stenhouse, 1996, p. 100). A produção acadêmica em torno das políticas curriculares, em tais condições, permitiria uma reflexão sistemática acerca da própria constituição do conhecimento escolar, seus limites e modos de organização e, ao mesmo tempo, sua disposição e articulação aos processos políticos.

---

3. Em língua portuguesa, consideramos relevantes as sistematizações realizadas por Pacheco (2014) e Lopes e Macedo (2011).

Do ponto de vista metodológico, examinar as políticas curriculares implica em considerar que "o currículo não pode ser separado nem do contexto amplo que o define no tempo e no espaço nem da organização escolar que o concretiza" (Pacheco, 2003, p. 14). Dimensionando o currículo no âmbito das relações que o engendram, Pacheco sugere a pertinência de pensarmos os documentos curriculares na interface entre as macropolíticas e o plano das micropolíticas. Assim sendo, "a política curricular representa a racionalização do processo de desenvolvimento do currículo nomeadamente com a regulação do conhecimento, que é a face visível da realidade escolar, e com o papel desempenhado por cada ator educativo dentro de uma dada estrutura de decisões relativas à construção do projeto formativo" (Pacheco, 2003, p. 14).

As políticas curriculares, sob esse entendimento, poderiam ser examinadas para além das estratégias de negociação entre Estado e sociedade civil, deslocando-se de "um modelo das racionalidades técnicas" para um "modelo das racionalidades contextuais" (p. 25). Se no primeiro modelo a racionalidade orientadora ancora-se na noção de eficiência sob uma perspectiva técnica, na segunda há uma clara opção pelas teorias sociais contemporâneas.

> [...] o modelo das racionalidades contextuais adquire sentido com os trabalhos no âmbito da teoria social crítica e das diversas abordagens pós-modernistas e pós-estruturalistas, contribuindo para a emergência de uma teorização curricular crítica, emancipatória, cujos traços de identificação têm sido marcados pela pluralidade de propostas teóricas e pela ausência de contributos práticos (Pacheco, 2003, p. 27).

Sob tal modelo analítico, torna-se relevante examinar os modos como as políticas curriculares são cada vez mais dirigidas por racionalidades neoliberais e neoconservadoras, obstaculizando a composição de uma "governança escolar democrática" (Collet; Tort, 2016). Por um lado, consolidam-se princípios e práticas neoliberais que consideram que "uma boa escola deve estar organizada a partir de princípios como o *management*, a liderança educativa sobre os professores, a eficácia e a eficiência, a centralidade dos resultados, a transparência, a parceria público-privada na provisão de serviços, a auditoria e a avaliação externa, dentre outros" (Collet; Tort, 2016, p. 10). A competitividade, a individualização das responsabilidades e o declínio da função pública da escolarização são sintomáticas deste modelo.

Por outro lado, alcança significativo impacto o modelo neoconservador. Ainda que compartilhe pressupostos com o neoliberalismo, esse modelo aposta na regulação permanente, na organização e no acompanhamento sistemático dos estabelecimentos de ensino. A lógica neoconservadora, de acordo com Collet e Tort (2016), articula "elementos de liderança educativa e de *management* profissional e hierárquico, com fortes processos burocráticos que vão se implantando cada dia com maior força, amplitude e profundidade" (p. 11). Inspirado no modelo das racionalidades contextuais, as teorizações curriculares críticas têm mobilizado um conjunto sistemático de esforços acadêmicos na direção da problematização e da proposição política e pedagógica de novas perspectivas para a pauta escolar. Sistematizaremos nesta seção três abordagens curriculares críticas, de matizes variadas, que se posicionam na composição desta agenda.

Michael Young (2013), em um prisma realista-social, enfatiza o debate acerca do conhecimento e das políticas que referenciam sua seleção. A interrogação acerca dos princípios constituintes do currículo é considerada com primordial pelo pesquisador, considerando a historicidade atinente aos regimes de escolarização. Em suas palavras, "o propósito do currículo, pelo menos nas sociedades modernas, não é apenas transmitir conhecimentos passados, é capacitar a próxima geração de modo que ela possa construir sobre esse conhecimento, criando um conhecimento novo, pois é assim que as sociedades humanas progridem e os indivíduos se desenvolvem" (Young, 2013, p. 11). Diante desse objetivo, é proposta uma centralidade da noção de "conhecimento poderoso" enquanto instrumento político, capaz de contrapor-se às lógicas neoliberal e neoconservadora predominantes.

Eu suponho que a questão do currículo "qual conhecimento?" é tanto uma questão epistemológica que define o que deve constituir o direito dos estudantes em estágios diferentes e em áreas de especialização diferentes, como uma questão de justiça social sobre o direito ao conhecimento por parte de todos os alunos sem se levar em consideração se o conhecimento é rejeitado ou considerado difícil. Se algum conhecimento é "melhor", como podemos negá-lo a todos os alunos e permitir que alguns, como fazem na Inglaterra, sejam limitados ao "conhecimento sem poder" a partir da idade dos 14 ou 16? (Young, 2013, p. 20).

Sob outra perspectiva, Pinar (2016) chama atenção para o fato de que, nos Estados Unidos, experiencia-se "uma história do desenvolvimento de currículos baseada principalmente na funcionalidade" (p. 205). Ao ocupar o centro do desenvolvimento curricular, a funcionalidade favoreceu a redução do ensino e implementação de regimes de avaliação, pela construção de testes padronizados, responsabilização e novas relações subjetivas. Conforme os estudos de Pinar, tal processo poderia ser nomeado como "deformação escolar", condição pela qual "o cerne da escola — seu currículo — é tornado apenas um meio de se chegar a um fim: resultados dos alunos nos testes padronizados" (Pinar, 2016, p. 206).

Outra questão derivada deste cenário, ainda de acordo com Pinar, diz respeito aos modos pelos quais a padronização curricular tende a silenciar as experiências educacionais. Tal processo, "ao silenciar a subjetividade e garantir a conformidade cultural, a indústria e os políticos que a financiam suspendem a comunicação e impõem a imitação" (Pinar, 2016, p. 214-215). O processo de desenvolvimento curricular engendrado em tais condições, consolida uma determinada forma cultural centrada no narcisismo e no presentismo.

Para além das questões epistemológicas explicitadas por Young (2013) ou das ênfases subjetivas destacadas por Pinar (2016), a crítica curricular realizada por Giroux (2003) auxilia-nos a reconhecer a "primazia da privatização e do individualismo" (p. 55) nos marcos de uma cultura empresarial. Segundo o pesquisador, sob este cenário, "a cidadania é retratada como uma questão privatizada, cujo objetivo é produzir indivíduos competitivos interessados em si mesmos, competindo pelo seu próprio ganho material e ideológico" (Giroux, 2003, p. 53). As formas de controle associadas à cultura empresarial modelam o conhecimento enquanto um modo de investimento econômico, motivado por uma lógica instrumental e esvaziada de sentidos públicos.

Em comum às variadas tradições críticas do pensamento curricular poderíamos enaltecer a dimensão do currículo como um território político, a preocupação em melhor estabelecer os conhecimentos a serem ensinados e a necessidade de enfrentamento da matriz de pensamento neoliberal predominante nos atuais regimes de implementação das políticas educacionais. Todavia, para atualizar e ampliar nossa leitura das políticas de currículo inscrevemos nosso modo de abordagem nos estudos foucaultianos sobre a biopolítica, seja para melhor caracterizar as tecnologias de governamento que regulam os processos de seleção dos conhecimentos a serem ensinados, seja para delinear a emergência das novas configurações subjetivas derivadas do neoliberalismo.

Neoliberalismo, biopolítica e capitalismo emocional: um diagnóstico

Ao procurarmos explicar as relações entre neoliberalismo e biopolítica uma questão que consideramos fundamental é o contexto de transição do fordismo ao pós-fordismo (Corsani, 2003). A reconfiguração do mundo do trabalho, ao deslocar-se da lógica da reprodução para a lógica da inovação, ou ainda de um regime de repetição para um regime de invenção, favoreceu a emergência de um "capitalismo cognitivo[4]", não mais centrado na produção de mercadorias por mercadorias, mas na "produção de conhecimentos por conhecimentos"

---

4. As contribuições de Saraiva e Veiga-Neto (2009) e Silva (2013) apresentam um significativo diagnóstico acerca das implicações educacionais da emergência do capitalismo cognitivo.

(Corsani, 2003). Essa reconfiguração permitiu com que, nas condições pós-fordistas, a própria organização da sociedade não fosse mais explicada nos termos de uma "sociedade-fábrica", mas através do posicionamento da "empresa" enquanto princípio de inteligibilidade para pensar as relações sociais (Moulier-Boutang, 2003).

No decorrer do século XX, assistimos ao auge dos variados modelos disciplinares na organização do trabalho. Tal condição fazia-se possível na medida em que "o trabalho constituía, ao mesmo tempo, a substância e a medida da planificação. O trabalho se revelou o meio mais eficaz de regulação do conjunto da sociedade" (Lazzarato, 2006, p. 89). Na percepção de Lazzarato (2006), ao centralizar-se, contemporaneamente, na lógica da empresa, as formas capitalistas reconheceram que "trabalhar em uma empresa contemporânea significa pertencer, aderir a este mundo, aos seus desejos e as crenças" (p. 111). Ao criar mundos, o capitalismo contemporâneo mobiliza novos dispositivos de constituição subjetiva. Ainda que consideremos a pertinência e a atualidade deste diagnóstico, vale a pena acrescentar outro componente como forma de precisar nossas ferramentas conceituais para investigar as derivações subjetivas do capitalismo contemporâneo, qual seja: a dimensão emocional.

As intensas relações entre o capitalismo e a vida emocional das pessoas não se constituem como uma novidade na literatura sociológica. De acordo com Illouz (2007), em uma breve revisão conceitual, as descrições do advento da Modernidade, direta ou indiretamente, sempre consideraram a dimensão das emoções. A novidade referente ao contemporâneo seria a emergência e a consolidação de uma configuração capitalista cada vez mais "emocional". Nas palavras da socióloga, "o capitalismo emocional é uma cultura em que as práticas e os discursos emocionais e econômicos configuram-se mutuamente" (2007, p. 20). Em tais condições, a questão do afeto torna-se um aspecto indispensável para a estruturação do comportamento econômico[5].

---

5. Acerca da questão do afeto, Safatle (2016) defende que no momento em que "um novo éthos do capitalismo se fazia necessário, o neoliberalismo conseguiu consolidá-lo através de

Novas sociabilidades, novas formas de subjetivação ou mesmo novas estratégias de intervenção pedagógica são mobilizadas através da articulação entre capitalismo e vida emocional. Conforme a socióloga, "os repertórios culturais baseados no mercado configuram e informam as relações emocionais e interpessoais, visto que as relações interpessoais se encontram no epicentro das relações econômicas" (Illouz, 2007, p. 20). Em outras palavras, os variados repertórios do mercado cada vez mais se entrelaçaram com uma linguagem psicológica e, com significativa intensidade, "combinados, proporcionaram novas técnicas e sentidos para forjar novas formas de sociabilidade" (p. 20). A preocupação com rendimento individual e performances subjetivas contribuíram para uma centralidade dos investimentos na questão emocional.

Ampliando esse argumento, o filósofo Byung Chul-Han (2014) defende que, ao engendrar novas formas de regulação da vida, "o regime neoliberal pressupõe as emoções como recursos para incrementar a produtividade e o rendimento" (p. 38). Ao servir-se das emoções e privilegiar a dimensão da liberdade, as novas formas de subjetividade derivadas do neoliberalismo tornam-se "emocionalizadas", fabricando certo imperativo da emoção. Exemplar desse imperativo poderíamos encontrar na questão do consumo.

> O capitalismo de consumo introduz emoções para estimular a compra e gerar necessidades. O *emotional design* modela emoções, configura modelos emocionais para maximizar o consumo. Em última instância, hoje não consumimos coisas, mas sim emoções. As coisas não se podem consumir infinitamente, as emoções, por outro lado, sim. As emoções prolongam-se para mais além do valor de uso. Assim, se abre um campo de consumo com caráter infinito (Han, 2014, p. 39).

Sob outra perspectiva, o sociólogo Zygmunt Bauman (2016a) explica que, com o advento dos saberes da "nova administração" e o próprio esgotamento das tecnologias de poder inspiradas no panóptico,

---

certa expropriação direta da economia libidinal dos sujeitos" (p. 137).

as peculiaridades da vida individual das pessoas tornaram-se vantagens. Questões como iniciativa, ousadia ou mesmo imaginação passaram a ser consideradas como virtudes desejáveis para ampliar nosso potencial de contribuição para o mundo do trabalho (e também para a vida). Sob tais condições, nas palavras do sociólogo, "peculiaridades pessoais, incluindo idiossincrasias bizarras e inclassificáveis outrora banidas do escritório e que tiveram de ser deixadas no bengaleiro da entrada do prédio, passam a ser vistas como a mais preciosa das vantagens e o capital mais promissor e lucrativo" (Bauman, 2016a, p. 67).

A questão da individualidade, então, gradativamente tende a ocupar um papel central no planejamento das mais diversas organizações. Mais uma vez recorrendo ao sociólogo, "na economia e no Estado, assim como na política da vida no cenário líquido-moderno, a individualidade substitui a ordem, e a individualidade demite a ordenação da agenda dos objetivos mais elevados e da lista dos interesses supremos" (Bauman, 2016a, p. 68). Ao atribuir centralidade para a questão da individualidade, transitando entre as questões cognitivas e emocionais, parece engendrar-se na atualidade uma "flexibilização dos padrões de identificação[6]" (Safatle, 2016).

Através das formas de regulação da vida derivadas do neoliberalismo, poderíamos considerar que "atualmente nos deparamos com a crença de que cabe apenas ao indivíduo a responsabilidade pelo fracasso da tentativa de autoafirmação de sua individualidade no interior do trabalho" (Safatle, 2016, p. 189). Consolida-se uma nova configuração do mundo laboral na qual as lógicas da flexibilização e do desempenho ocupam um papel privilegiado na composição de um "ideal empresarial de si".

> Graças à internalização desse ideal, o risco de insegurança social produzido pela desregulamentação do trabalho foi suplantado pela promessa de plasticidade absoluta das formas de vida, ou seja, tal

---

6. De acordo com Safatle (2016), contemporaneamente, em termos de constituição subjetiva "não se trata mais de regular através da determinação institucional de identidades, mas através da internalização do modo empresarial da experiência" (p. 144).

desregulamentação se traduziu em liberação da potencialidade de constituir projetos conscientes de formas de vida, da mesma maneira que a intensificação do desempenho e das performances exigida pelo ritmo econômico neoliberal se transformou em um peculiar modo subjetivo de gozo. Assim, o medo do risco provocado pela insegurança social pode aparecer como covardia moral (Safatle, 2016, p. 139).

Parece-nos que, a partir da leitura proposta por Safatle (2016), o ideal empresarial de si intensifica-se no contexto de uma "esfera econômica saturada de afeto" (p. 140). Em torno desse diagnóstico, Dardot e Laval (2016) propõe-se a descrever a emergência de um "neossujeito", motivado por uma espécie de dispositivo caracterizado pelo desempenho e pelo gozo. A constituição desta forma subjetiva ocorreria através de um "governo lacaniano", metáfora explorada pelos autores para explicitar que somos governados através da mobilização de nossos próprios desejos. Diferentemente do sujeito fabricado no liberalismo clássico que era "um homem calculador do mercado e homem produtivo das organizações industriais" (p. 322), o neossujeito é caracterizado pela competitividade, por meio da promoção de uma racionalidade empresarial. Ao tomar como foco a realização pessoal, coadunada a uma ética empreendedora, o neossujeito torna-se "especialista em si mesmo, empregador de si mesmo, inventor de si mesmo, empreendedor de si mesmo: a racionalidade neoliberal impele o eu a agir sobre si mesmo para fortalecer-se e, assim, sobreviver na competição" (Dardot; Laval, 2016, p. 331).

Ao longo desta seção procuramos estabelecer algumas conexões, com fins diagnósticos, entre neoliberalismo, biopolítica e capitalismo emocional. Ao investir sobre as subjetividades contemporâneas, as formas políticas ancoradas no neoliberalismo fortalecem as dimensões do individualismo, da realização pessoal e da competitividade. Todavia, seu foco de intervenção biopolítica não somente opera disciplinarmente sobre os corpos, como se visibilizava no capitalismo industrial; mas, intensifica seus regimes de intervenção sobre as novas formas cognitivas e o campo das emoções. Em tais condições, as diferenças individuais são potencializadas e valorizadas permanentemente e, em termos pedagógicos, poderíamos afirmar que diferenciamos pedagogias para capitalizar pessoas. Dentro deste contexto, lançamos os seguintes questionamentos: Como este cenário favorece o desenvolvimento e a consolidação de novas formas de organização curricular? Que relações são estabelecidas entre currículo e conhecimento escolar quando a cognição e as emoções adquirem centralidade? De quais modos poderíamos seguir descrevendo a emergência de dispositivos de customização curricular? Exploraremos algumas dessas questões a seguir.

Dispositivos de customização curricular em ação: três analíticas

A palavra "customização", contemporaneamente, tem sido usada com bastante abrangência e amplitude em variados espaços sociais e meios de publicação. Cada vez mais encontramos anúncios publicitários, por exemplo, que nos interpelam pela necessidade e/ou possibilidade de construir um mundo a nossa maneira. Em outro momento defendemos que "customizar tornou-se um imperativo para quem busca individualizar sua forma de estar no mundo" (Silva, 2014, p. 146). Mais que isso, a busca de um modo de vida original parece demarcar a própria configuração das subjetividades fabricadas nas últimas décadas. Sob as atuais condições, descritas na seção anterior, importa destacar que "o neoliberalismo se plasma em um 'novo tipo de indivíduo', um indivíduo formado na lógica da competição: um 'homem empresarial', calculador, solipsista, instrumentalmente dirigido" (Ball, 2016, p. 30).

Poderíamos assinalar ainda que as atuais políticas dirigem-se para uma espécie de "internalização do modo empresarial da experiência, com seu regime de intensificação, flexibilidade e concorrência"

(Safatle, 2016, p. 144). A busca pela inovação, pela resiliência e pelo espírito de aventura, com maior ou menor intensidade, orientam a configuração de novos arranjos curriculares, sintonizados com as demandas advindas do mundo da economia. Adverte-nos Bröckling (2015), porém, que "o *self* empreendedor não é somente o que todos desejam ser, mas também aquilo que ameaça a todos" (p. 29). Em termos de política curricular, conforme explicitaremos em cada uma das analíticas a seguir, constatamos que a agenda formativa do "*self* empreendedor" regula e orienta a composição dos dispositivos de customização.

Emocionalização pedagógica

Há pouco tempo, um jornal de grande circulação no Sul do Brasil trazia em suas páginas uma reportagem de capa que versava sobre os estudos da neurociência aplicada à aprendizagem escolar[7]. Mais que difundir uma pauta que cresceria intensamente na última década, o referido texto jornalístico, com inúmeras falas de especialistas, explicitava uma formulação que enunciava novos sentidos para a aprendizagem, para a ação profissional dos professores e para a seleção de conhecimentos e experiências que constituem os currículos escolares. Sob a argumentação apresentada, a aprendizagem é descrita como "uma questão de foco, organização e ritmo neural", cabendo ao professor direcionar os estímulos adequados, justapondo elementos afetivos, biológicos, emocionais, sociais e cognitivos na moldura de uma aprendizagem "significativa e prazerosa".

De acordo com o texto, estaria em curso um deslocamento nos sentidos de trabalho escolar e na ação docente. Hodiernamente, "a função do professor é potencializar cérebros na sala de aula", valorizando

---

7. Disponível em: http://dc.clicrbs.com.br/sc/noticias/noticia/2012/08/estudos-da-neurociencia-aplicada-a-aprendizagem-escolar-3852913.html.

os ritmos neurais de casa estudante. A Neurociência, enquanto um campo de saber emergente, é posicionada como uma justificação científica para novos investimentos pedagógicos, sendo definida pelo texto do jornal do Sul do Brasil como "um estudo científico de como o cérebro pode aprender melhor e guardar saberes". Os conhecimentos neurocientíficos, além de garantir maior ênfase nas aprendizagens, otimizariam o trabalho do professor e melhor ajustariam a seleção dos saberes e experiências para o currículo.

Todavia, desperta nossa atenção certa centralidade atribuída ao componente emocional ao justificar a pertinência dos saberes neurocientíficos. Lançando mão de um excerto da entrevista de um especialista no tema, a reportagem defende que "aprende-se com a cognição, mas sem dúvida alguma, aprende-se pela emoção, o desafio é unir conteúdos coerentes, desejos, curiosidades e afetos para uma prazerosa aprendizagem". A ênfase nas emoções também é defendida pelo fato de que o "cérebro é provavelmente o órgão mais fascinante do corpo humano. Ele controla tudo, da respiração até as emoções e inclusive o aprendizado".

Em torno de uma "emocionalização pedagógica" poderíamos nos remeter aos estudos de Eva Illouz (2007) uma vez que, em perspectiva sociológica, favorecem outras leituras do componente emocional nos processos contemporâneos de "mercantilização do eu". Em sua abordagem, na cultura do capitalismo emocional, "as emoções se converteram em entidades a serem avaliadas, discutidas, negociadas, quantificadas e mercantilizadas" (p. 227). Um conjunto variado de textos, publicações e classificações são fabricadas na tentativa de cuidar, manejar ou mesmo mudar nossas subjetividades[8]. Acompanha este diagnóstico a autorrealização como um repertório que justapõe saberes de ordem psicológica e saberes empresariais. De forma complementar, Dardot e Laval (2016) argumentam que, a partir

---

8. Han (2014) descreve que a proliferação destes materiais visibiliza a consolidação de um *smart power*, compreendido como uma técnica de poder própria do neoliberalismo na medida em que é "sutil, flexível inteligente e escapa a toda visibilidade" (p. 16).

da articulação de tais saberes, deu-se "origem a essas técnicas de si que visam ao desempenho individual por meio de uma racionalização gerencial do desejo" (p. 360).

Na mesma direção, poderíamos sinalizar a lógica ambivalente que perfaz as aproximações entre o capital e as emoções. Illouz (2007) pondera que, por meio do entrelaçamento entre as esferas pública e privada, no que tange às emoções "a autorrealização e o direito a uma vida emocional plena se converteram no campo de uma razão instrumental" (p. 234). Em outras palavras, no decorrer do século XX, através das mudanças ocorridas no capitalismo, o investimento emocional adquiriu centralidade na medida em que as narrativas de autorrealização tornaram-se modulares para a ação dos indivíduos em sociedades empresariais.

> Sem dúvida, a nova norma de si é da realização pessoal: temos de nos conhecer e nos amar para sermos bem-sucedidos. Daí a ênfase na palavra mágica: "autoestima", chave de todo sucesso. Contudo, essas afirmações paradoxais sobre a injunção de sermos nós mesmos e nos amarmos como somos estão inseridas num discurso que coloca o desejo legítimo como uma ordem. O *management* é um discurso ferrenho que usa palavras de veludo. Sua eficácia deve-se à racionalização lexical, metodológica, relacional, na qual o sujeito é intimado a entrar (Dardot; Laval, 2016, p. 345).

O texto jornalístico publicado no Sul do Brasil mais que anunciar uma nova forma do trabalho escolar centrada nos saberes neurocientíficos, auxilia-nos a perceber uma ênfase nas emoções dos estudantes e em seus modos de organização da vida. Questões como *coaching*, mentoria ou programação neurolinguística não se apresentam como novidades na literatura pedagógica deste início de século; porém, o que poderíamos notar em comum a estas estratégias é sua ênfase em uma "emocionalização pedagógica", na qual a centralidade curricular recentemente atribuída às competências socioemocionais é o exemplar mais representativo no Brasil.

A centralidade nas competências socioemocionais apresenta-se como um conceito central para a Base Nacional Comum Curricular (BNCC), no Brasil. Sua difusão no país deu-se pela ação de um conjunto variado de organizações públicas e privadas, dentre as quais destaca-se o Instituto Ayrton Senna (IAS). Nos projetos conduzidos pelo referido instituto, a ênfase na organização do currículo supõe a disposição em áreas do conhecimento, assim como o engendramento de projetos de pesquisa e de intervenção social, ancorados na "matriz de competências para o século 21", "a ser desenvolvida por todos na escola e em todas as oportunidades educativas" (IAS, 2012a, p. 9). Suas ações fundamentam-se nos pressupostos da "educação para o século 21" que, por meio de uma matriz holística, requerem "o desenvolvimento de um conjunto de competências necessárias para aprender, viver, conviver e trabalhar em um mundo cada vez mais complexo" (IAS, 2012b, p. 4). O foco pedagógico é direcionado para o indivíduo e suas possibilidades de aprendizagem, assegurando que os jovens "sejam capazes de solucionar problemas de maneira colaborativa, pensar criticamente e fazer escolhas responsáveis" (p. 4). As propostas curriculares baseadas neste modelo atribuem centralidade para os aspectos socioemocionais, compreendidos enquanto "alavancas de aprendizagem", especialmente para contextos como o brasileiro.

Conforme seus documentos orientadores, são variados os sistemas conceituais mobilizados para justificar a centralidade das competências socioemocionais, advindos de áreas como a psicologia, as neurociências e a economia[9]. Sob tais argumentos, "o desempenho cognitivo dos alunos é beneficiado quando esse grupo decisivo de competências é acionado e desenvolvido de forma intencional" (p. 6). A opção pelas competências socioemocionais, enquanto alavancas de aprendizagem, tem sido uma estratégia central nas experiências assessoradas pelo

---

9. Ao analisar a emergência das competências socioemocionais, Carvalho e Silva (2017) destacam que "noções como competências socioemocionais, habilidades do século XXI, paradigma holístico, currículo socioemocional e abordagem transversal tornaram-se recorrentes nos debates educacionais mobilizados pelos diferentes sistemas de ensino, especialmente no período em que estivemos envolvidos nas questões atinentes à base nacional comum curricular" (p. 175).

Instituto Ayrton Senna. A justaposição de competências cognitivas e socioemocionais permite a seleção de alguns aspectos a serem priorizados, dentre os quais destacam-se "responsabilidade, colaboração, comunicação, criatividade, autocontrole, pensamento crítico, resolução de problemas e abertura" (IAS, 2012b, p. 8).

A emocionalização pedagógica, valendo-se de uma centralidade nos aspectos socioemocionais em justaposição com os aspectos cognitivos (muitas vezes neuronais), aciona repertórios culturais centrados no mercado que, conforme Illouz (2007), colocam as relações interpessoais no centro da intervenção política. O neoliberalismo, "com um vocabulário entre a administração e a psicologia, permitiu uma mobilização afetiva no interior do mundo do trabalho que levou à fusão progressiva dos repertórios do mercado com as linguagens do eu" (Safatle, 2016, p. 140). Em termos curriculares, parece-nos que os dispositivos de customização promovem e intensificam uma emocionalização pedagógica que traça por horizonte formativo as possibilidades de diferenciação que visam a capitalização dos indivíduos.

Algoritmização subjetiva

Ao escrever o prefácio da edição brasileira da obra "Como as crianças aprendem", de autoria do jornalista Paul Tough (2017) e recentemente publicada, Viviane Senna argumenta acerca de uma aproximação entre os estudos do autor e a pauta pedagógica do Instituto Ayrton Senna (IAS). Defende que, ao realizar parcerias com as redes públicas e propor soluções educativas com foco na qualidade, o IAS sempre inspirou-se na seguinte interrogação: "como garantir a aprendizagem efetiva, que amplie as oportunidades e a capacidade de todas as crianças e jovens para continuarem aprendendo ao longo da vida?" (p. 9). Sua preocupação com uma formação integral do ser humano, conduziu-os, em sua perspectiva, para a necessidade de ampliar sua abordagem para além dos conhecimentos escolares, atribuindo ênfase a habilidades como "determinação, garra, criatividade e colaboração" (p. 9).

Garantir aprendizagens e focalizar o sucesso dos estudantes são princípios de ação do Instituto que são priorizados por Viviane Senna no prefácio aqui comentado. Tais princípios são defendidos através de um "olhar individualizado dirigido a cada criança" (p. 9). O campo de intervenção do IAS passava a privilegiar os aspectos não-cognitivos do aprendente.

> O investimento e a alta expectativa empenhados para que cada aluno desenvolvesse seu potencial e tivesse êxito na escola e na vida começavam sempre com o aprimoramento de competências não-cognitivas, como autoestima e autoconfiança, responsabilidade e perseverança, e foram parte integrante do trabalho desde o início (Senna, 2017, p. 9-10).

A prioridade em competências não-cognitivas considerava que, no Brasil e no mundo, enfatizava-se os "estoques cognitivos" tanto no ensino, quanto na avaliação. Em sua percepção, "uma parte importante de nosso trabalho ficava de fora no momento de medir e mostrar o impacto que um projeto de educação plena e integral tinha tanto nos resultados escolares como no futuro dos alunos" (p. 10). A preocupação com "medir e mostrar o impacto" adquiriu nuances específicas após conhecerem o trabalho do Nobel de Economia James Heckman[10].

Em decorrência deste cenário, um aspecto que adquire ênfase na promoção das políticas curriculares refere-se à proliferação e ao fortalecimento dos exames de larga escala, em seu potencial regulatório do trabalho docente, bem como na necessária vinculação da escola às competências derivadas da vida econômica. Evidencia-se, nos documentos orientadores das políticas brasileiras, por exemplo, uma preocupação com a melhoria da gestão das aprendizagens associada

---

10. As conexões entre economia e política, ou "como os economistas alcançaram o poder", é explorada analiticamente pela socióloga argentina Mariana Heredia (2015).

aos padrões de comparação internacional, nos quais o PISA apresenta-se como exemplar mais relevante.

Importa salientar que tais avaliações de larga escala operam no interior de uma "tradição psicométrica de conhecer outras mentes" (Scott, 2013, p. 68). Sob tal tradição, supõe-se que "uma pessoa tem uma série de competências (isto é, um conjunto de conhecimentos, habilidades e atitudes) que podemos descrever como o conteúdo da mente dessa pessoa e que, posteriormente, podemos caracterizá-la usando métodos de experimentação e provas" (Scott, 2013, p. 68). Em torno dessa questão, precisamos considerar que as referidas técnicas de medição educativa, alicerçadas em desempenho, começaram a ser desenvolvidas na segunda metade do século XIX (Lundgren, 2013), posicionadas enquanto decorrência do avanço da ciência psicológica e, ao mesmo tempo, mecanismo de regulação política. As avaliações educativas, parametrizadas internacionalmente, intensificaram-se no contexto da Guerra Fria, contribuindo inclusive para que o desenvolvimento curricular pudesse ser internacionalizado (Lundgren, 2013) e fosse lido como vetor de capital humano (Pongratz, 2013).

A partir do ano 2000, com o desenvolvimento do modelo do PISA pela OCDE, as reformas curriculares implementadas passaram a considerar tais estratégias de avaliação enquanto matrizes definidoras da própria escolarização. De acordo com Pongratz (2013), "ao invés de funcionar como um instrumento 'neutro' de objetividade científica, o PISA estabelece seus próprios *standards* de normalidade" (p. 143), ativando — em sintonia com o neoliberalismo contemporâneo — um "extenso arsenal de modos de intervenção" (p. 144). Assim sendo, intensificam-se as reformas da escolarização pública, interpelando aos próprios indivíduos — professores e estudantes — que se tornem seu "centro de competência". Em tal gramática de intervenção política, precisamos ponderar que apesar da retórica acerca dos ambientes colaborativos e da constituição de comunidades de aprendizagem, os professores cada vez mais são responsabilizados pela construção de um trabalho qualificado. Tal qualidade, ao ser medida por padrões e escalas internacionalmente mobilizadas, é implementada através de indicadores preestabelecidos, assume as práticas como modo privilegiado de regulação e delega aos indivíduos as responsabilidades pelos sucessos e fracassos dela decorrentes.

Ao ser engendrada no interior de variados dispositivos de customização curricular, a algoritmização subjetiva dimensiona-se também naquilo que Ball (2016) tem nomeado como "performatividade". Em suas palavras, "a performatividade é, como assinalei em outros lugares, um mecanismo chave de gestão neoliberal, uma forma de governo discreto que usa comparações e juízos ao invés de intervenções e direcionamentos" (p. 30-31). Todavia, ainda de acordo com Ball, faz-se necessário acrescentar a "conversão do ensino e da aprendizagem em elementos calculáveis", de forma que o fracasso e o sucesso sejam traduzidos em responsabilidades individuais. Entendemos que este cenário possibilita uma intensificação das estratégias de "algoritmização subjetiva", reconhecendo junto a Rouvroy e Berns (2015) a atual centralidade de uma "governamentalidade algorítmica". De acordo com os pesquisadores, essa forma governamental designa "um certo tipo de racionalidade (a)normativa ou (a)política que repousa sobre a coleta, agregação e análise automatizada de dados em quantidade massiva de modo a modelizar, antecipar e afetar, por antecipação, os comportamentos possíveis" (p. 42). Então, ao descrevermos os dispositivos de customização curricular, sinalizamos que a emocionalização pedagógica e a algoritmização subjetiva são colocadas em ação nos currículos escolares através de um conjunto variado de estratégias dentre as quais destacamos a personalização dos itinerários, a ser explicada a seguir.

Personalização dos itinerários

A recente proposição de reforma do Ensino Médio, no Brasil, estabeleceu novos padrões organizativos para esta etapa da educação básica, tendo sido apresentada por Medida Provisória (MP) no dia 22 de setembro de 2016. O documento que estrutura tal mudança propõe uma flexibilização curricular, alterando a atual organização dos currículos (no formato de treze disciplinas), criando itinerários formativos vinculados às áreas do conhecimento e incentivando a ampliação da carga horária. Na Audiência Pública realizada pela Comissão Mista que discutiu a MP n. 746/2016, que tratava da reformulação do Ensino Médio no Brasil — no mês de novembro, a Secretária Executiva do Ministério da Educação, explicitou alguns aspectos orientadores dos modos pelos quais esta política está sendo mobilizada. De acordo com a secretária, a referida reforma flexibilizará o currículo escolar e ampliará as possibilidades de acesso e de inserção escolar dos jovens de baixa renda na escola pública de nosso país. Defendeu ainda que, em sua percepção, "a proposta dá uma chance para o jovem fazer escolha e não ser obrigado a cursar disciplinas que não representam nada para ele[11]".

A referida secretária executiva argumentou também que um Ensino Médio comum para todos não prepara nem para a vida, nem para o ensino superior (no máximo seria um curso preparatório para o Enem). Remetendo o debate sobre a flexibilização curricular para a LDB, criticou a atual forma curricular predominante nesta etapa da Educação Básica, caracterizando-a como "absurdamente enciclopédica". Em sua argumentação, "o currículo não aprofunda o conhecimento em nenhuma área e, ao contrário de formar cidadãos, forma um analfabeto funcional ao final do Ensino Médio". Afirmou ainda que, em razão disso, 80% dos jovens brasileiros apoiariam a urgência da mudança.

A definição do currículo do Ensino Médio, objetivamente, será efetivada a partir da Base Nacional Comum Curricular (BNCC), homologada pelo Ministério da Educação em dezembro de 2018. Todavia, a nova lei define como aspecto central a organização dos currículos

---

11. Disponível em: http://www2.camara.leg.br/camaranoticias/noticias/EDUCACAO-E-CULTURA/520018-MEC-DIZ-QUE-MP-DO-ENSINO-MEDIO-AMPLIA-EDUCACAO-DE-JOVENS-POBRES.html. Acesso em: 16 abr. 2018.

CUSTOMIZAÇÃO CURRICULAR NO ENSINO MÉDIO

escolares em determinados "itinerários formativos", com base nas áreas do conhecimento, quais sejam: linguagens e suas tecnologias, matemática e suas tecnologias, ciências da natureza e suas tecnologias, ciências humanas e sociais aplicadas e formação técnica e profissional.

Apontamos a reforma curricular do Ensino Médio de nosso país como um exemplar analítico para sinalizarmos uma tendência à personalização dos itinerários formativos. Veiga-Neto (2002), há quase duas décadas, descrevia algumas tendências curriculares que se encaminhavam na direção de uma prioridade na escolha dos alunos e de um esvaziamento da dimensão coletiva do trabalho escolar. Em sua percepção, por um lado, "a liberdade dada ao aluno de escolher e montar o seu currículo ensina uma relação de consumo entre sujeito e oferta de mercadorias" (p. 182); por outro lado, inclina-se para um revigoramento do individualismo.

> O que me interessa é ressaltar que, com essa prática, cada sala de aula, cada turma, deixou de ser um lugar com identidade própria e mais ou menos estável, e passou mais a ser um lugar pobre em marcações identitárias, sem história, sem relações minimamente duradouras, em que cada um pode se sentir como se estivesse em casa, mas não deve se comportar como se estivesse em casa (Veiga-Neto, 2002, p. 182-183).

Sem a pretensão de sinalizar para as melhores práticas curriculares, nem mesmo de condenar determinadas formulações contemporâneas, a leitura proposta pelo pesquisador brasileiro provoca-nos a refinar nossa abordagem analítica para um tempo de "novas geometrias" para os saberes e para os poderes. Remetendo-se aos modelos de governança predominantes neste século, Ball (2016) afirma que "o neoliberalismo se plasma em relações práticas de competição e exploração nos negócios, mas também, cada vez mais, em formas muito comuns imediatas em nossas instituições da vida cotidiana e assim 'nos faz'" (p. 30). Em outras palavras, ao fortalecer as escolhas individuais e a composição de itinerários flexíveis e personalizados nas políticas curriculares, podemos concordar com Safatle que "o neoliberalismo conseguiu resolver essa equação através da constituição de um 'ideal empresarial de si' como dispositivo disciplinar" (2016, p. 138).

Ao longo deste capítulo pretendemos contribuir com as investigações acerca das políticas curriculares contemporâneas ampliando e aprofundando a noção de "dispositivos de customização" (Silva, 2014). Ancorados nos Estudos Curriculares e em determinadas teorizações sociais contemporâneas, sobretudo aquelas centradas no conceito de biopolítica, descrevemos as condições de possibilidade e as estratégias privilegiadas para a potencialização destes dispositivos. A emocionalização pedagógica, a algoritmização subjetiva e a personalização dos itinerários foram apresentadas e analisadas enquanto modos privilegiados de operação nas políticas curriculares recentemente implementadas em nosso país. A ênfase em componentes emocionais, a preocupação com as avaliações em larga escala, bem como a intensificação dos mecanismos de diferenciação direcionam-se para reposicionar os debates acerca da seleção dos conhecimentos escolares.

Duas tendências parecem emergir deste cenário e merecem nossa atenção. A primeira deles diz respeito a um esvaziamento das possibilidades coletivas das pautas formativas, distanciando-se da responsabilidade pelo mundo, das perspectivas de diálogo e da promoção de experiências compartilhadas. A segunda tendência derivada deste cenário pode estar vinculada a uma intensificação das desigualdades. As promessas de felicidade que movimentam as idealizadas vidas dos novos empreendedores, na maioria das metrópoles do mundo, estão muito distantes de tornarem-se efetivas. Lembra-nos o sociólogo alemão Ulrich Bröcking, anteriormente referido, que a maioria dos indivíduos contemporâneos ainda "devem empregar todas as suas forças para atuar de forma empreendedora para sobreviver, no sentido estrito da palavra. O que os impulsiona não é o sonho de ascensão de lavador de pratos a milionário, mas o estômago vazio" (2015, p. 15). Em outras palavras, ainda que possam estar ancorados em princípios democratizantes, os dispositivos de customização curricular podem conduzir a um empobrecimento da formação coletiva e da responsabilidade pedagógica das escolas atuais, assim como podem contribuir para uma intensificação das injustiças sociais, na medida em que ainda mobilizamos recursos desigualmente distribuídos. Em estudos futuros seguiremos aprofundando os debates acerca das políticas de constituição do conhecimento escolar no controverso campo das políticas neoliberais (e neoconservadoras) em implementação no contexto brasileiro.

Referências

AGAMBEN, Giorgio. *O que é o contemporâneo?* — e outros ensaios. Chapecó: Argos, 2009.

ARAÚJO, Ives; MAZUR, Eric. Instrução pelos colegas e ensino sob medida: uma proposta para o engajamento dos alunos no processo de ensino-aprendizagem de Física. *Caderno Brasileiro de Ensino de Física*, Florianópolis, UFSC, v. 30, n. 2, p. 362-384, ago. 2013.

ARAÚJO, Marta; MOTA, Carlos; BRITTO, Carlos. Anísio Teixeira, pensador radical. In: MONARCHA, Carlos (Org.). *Anísio Teixeira*: a obra de uma vida. Rio de Janeiro: DP&A, 2001, p. 17-48.

ARCE, Alessandra; SIMÃO, Rosimeire. A psicologia da criança e a pedagogia funcional de Edouard Claparède e pedagogia dos jardins de infância de Friedrich Froebel: continuidades e rupturas no pensamento de dois autores defensores de uma escola progressista. *Revista HISTEDBR On-Line*, Campinas, UNICAMP, n. 28, p. 38-56, 2007.

BALL, Stephen. *Educação Global S.A.:* novas redes políticas e o imaginário neoliberal. Ponta Grossa: Editora UEPG, 2014a.

_____. Globalización, mercantilización y privatización: tendencias internacionales en Educación y Política Educativa. *Archivos Analíticos de Políticas Educativas*, Tempe, Arizona State University, v. 22, n. 41, p. 1-14, 2014b.

_____. Gobernanza neoliberal y democracia patológica. In: COLLET, Jordi; TORT, Antoni (Orgs.). *La gobernanza escolar democrática*. Madrid: Morata, 2016, p. 23-40.

_____. Performatividades e fabricações na Economia Educacional: rumo a uma sociedade performativa. *Educação e Realidade*, Porto Alegre, v. 35, n. 2, 2010, p. 37-55.

BALL, Stephen; MAINARDES, Jefferson (Orgs.). *Políticas educacionais:* questões e dilemas. São Paulo: Cortez, 2011.

BANCO MUNDIAL. *Atingindo uma educação de nível mundial no Brasil*: próximos passos. Brasília: Banco Mundial, 2014.

BARROS, Ricardo; MENDONÇA, Rosane. Abandono e evasão no ensino médio no Brasil: magnitudes e tendências. In: INSTITUTO UNIBANCO. *A crise de audiência no Ensino Médio*. São Paulo: Instituto Unibanco, 2009. p. 3-36.

BAUMAN, Zygmunt. *A sociedade individualizada*: vidas contadas e histórias vividas. Rio de Janeiro: Zahar, 2008.

_____. *Babel*: entre a incerteza e a esperança. Rio de Janeiro: Zahar, 2016b.

_____; BORDONI, Carlo. *Estado de crise*. Rio de Janeiro: Zahar, 2016a.

BIESTA, Gert. Devolver la enseñanza a la educación: una respuesta a la desaparición del maestro. *Pedagogía y Saberes*, n. 44, p. 119-129, 2016.

_____. Medir lo que valoramos o valorar lo que medimos? — Globalización, responsabilidad y la noción de propósito de la educación. *Pensamiento educativo*, v. 51, n. 1, 2014, p. 46-57.

_____. *Para além da aprendizagem*: educação democrática para um futuro humano. Belo Horizonte: Autêntica, 2013.

BOLLELA, Valdes *et al*. Aprendizagem baseada em equipes: da teoria à prática. *Medicina*, Ribeirão Preto, USP, v. 47, n. 3, p. 293-300, 2014.

BRÖCKLING, Ulrich. *El self emprendedor*: sociología de una forma de socialización. Santiago: Ediciones Universidad Alberto Hurtado, 2015.

BROWN, Wendy. *El Pueblo sin atributos*: la secreta revolución del neoliberalismo. Barcelona: Malpaso, 2016.

CAMPAGNOLO, Rodrigo *et al*. Uso da abordagem Peer Instruction como metodologia ativa de aprendizagem: um relato de experiência. *Signos*, Lajeado, Univates, v. 35, n. 2, p. 79-87, 2014.

CARVALHO, Rodrigo Saballa de; SILVA, Roberto Rafael Dias da. Currículos socioemocionais, habilidades do século XXI e o investimento econômico na educação: as novas políticas curriculares em exame. *Educar em Revista*, n. 63, p. 173-190, 2017.

CEPAL. *Invertir en juventud*: informe regional de Población en América Latina y en Caribe. Santiago: CEPAL, 2011.

CHARLOT, Bernard. A escola e o trabalho dos alunos. *Sísifo — Revista de ciências da educação*, Lisboa, s./v., n. 10, 2009, p. 89-96.

CHICCHI, F.; ROGGERO, G. Le ambivalenze del lavoro nell'orizzonte del capitalismo cognitivo. *Sociologia del lavoro*, 115, 2009, p. 7-27.

CLAPARÈDE, Edouard. *A escola sob medida*. Rio de Janeiro: Fundo de Cultura, 1973.

COLLET, Jordi; TORT, Antoni. Qué gobernanza para qué educación? — horizontes de una gobernanza escolar democrática y del (bien) común. In: COLLET, Jordi; TORT, Antoni (Orgs.). *La gobernanza escolar democrática*. Madrid: Morata, 2016, p. 9-21.

CORSANI, Antonella. Elementos de uma ruptura: a hipótese do capitalismo cognitivo. In: COCCO, Giuseppe; GALVÃO, Alexander; SILVA, Gerardo (Orgs.). *Capitalismo cognitivo*: trabalho, redes e inovação. Rio de Janeiro: DP&A, 2003, p. 15-32.

COSTA, Sílvio Gadelha. Governamentalidade neoliberal, Teoria do Capital Humano e Empreendedorismo. *Educação e Realidade*, 34(2) 171-186, 2009.

DALE, Roger. Globalização e educação: demonstrando a existência de uma "cultura educacional mundial comum" ou localizando uma "agenda globalmente estruturada para a educação"?. *Educação e Sociedade*, 25(87): 423-460, 2004.

_____; ROBERTSON, Susan. Pesquisar a educação em uma era globalizante. *Educação e Realidade*, Porto Alegre, v. 36, n. 2, p. 347-363, 2011.

DARDOT, Pierre; LAVAL, Christian. *A nova razão do mundo*: ensaio sobre a sociedade neoliberal. São Paulo: Boitempo, 2016.

_____. *Comum*: ensaio sobre a revolução no século XXI. São Paulo: Boitempo, 2017.

DEAN, Mitchell. *Governmentality:* power and rule in modern society. London: Sage, 1999.

DELEUZE, Gilles. Controle e devir. In: DELEUZE, Gilles. *Conversações (1972-1990)*. São Paulo, Editora 34, 1992a, p. 209-218.

_____. *Post-scriptum* sobre as sociedades de controle. In: DELEUZE, Gilles. *Conversações (1972-1990)*. São Paulo, Editora 34, 1992b, p. 219-226.

DIAS, Ricardo Freitas. Team-based learning: fazendo os alunos pensarem "fora da caixa". *Redes*, Pombal, UEPB, v. 5, n. 1, p. 75-81, 2015.

DÍAZ-VILLA, Mario. Curriculum: debates atuales — trazos desde América Latina. *Pedagogía y Saberes*, Bogotá, UPN, n. 10, p. 35-45, 2014.

DROUIN, Jean-Claude. *Os grandes economistas*. São Paulo: Martins, 2008.

DRUCKER, Peter. *As novas realidades*. São Paulo: Pioneira, 1991.

_____. *Sociedade pós-capitalista*. São Paulo: Pioneira Thomson Lerning, 186 p. 1993.

DUARTE, Newton. As pedagogias do "aprender a aprender" e algumas ilusões da assim chamada sociedade do conhecimento. *Revista Brasileira de Educação*, Rio de Janeiro, ANPED, s./v., n. 18, p. 35-40, 2001.

DUSSEL, Inés. A transmissão cultural assediada: metamorfoses da cultura comum na escola. *Cadernos de Pesquisa*, São Paulo, v. 39, n. 137, p. 351-365, 2009.

FABRIS, Elí Henn; DAL'IGNA, Maria. Processos de fabricação da docência inovadora em um programa de formação inicial brasileiro. *Pedagogía y Saberes*, Bogotá, n. 39, p. 49-60, 2013.

_____; TRAVERSINI, Clarice. Conhecimentos escolares sob outras configurações: efeitos das movimentações disciplinares e de controle. In: 34ª Reunião Anual da ANPED. *Anais*. Rio de Janeiro: ANPED, 2011, p. 1-16.

FÁVERO, Maria de Lourdes. Anísio Teixeira: construtor da educação pública. In: MONARCHA, Carlos (Org.). *Anísio Teixeira*: a obra de uma vida. Rio de Janeiro: DP&A, 2001, p. 49-72.

FERNANDES, Amanda; PINTO, Antônio. Aplicação de metodologias inovadoras para estudantes de Geografia do Ensino Médio. *Anais do II Congresso Internacional Salesiano de Educação*. Lorena: Unisal, 2015.

FONTENELLE, Isleide. Para uma crítica ao discurso da inovação: saber e controle no capitalismo do conhecimento. *RAE*, São Paulo, v. 52, n. 1, p. 101-108, 2012.

_____. Prosumption: as novas articulações entre trabalho e consumo na reorganização do capital. *Ciências Sociais Unisinos*, São Leopoldo, v. 51, n. 1, p. 83-91, 2015.

FOUCAULT, Michel. *O Nascimento da Biopolítica*. São Paulo: Martins Fontes, 2008b.

_____. *Segurança, Território, População*. São Paulo: Martins Fontes, 2008a.

FUMAGALLI, Andrea. O conceito de subsunção do trabalho ao capital: rumo à subsunção da vida no capitalismo cognitivo. *Cadernos IHU Ideias*, v. 14, n. 246, p. 1-22, 2016.

GADELHA, Silvio. *Biopolítica, Governamentalidade e Educação*: introdução e conexões a partir de Michel Foucault. Belo Horizonte: Autêntica, 2009.

GARCIA, Maria Manuela. Políticas educacionais contemporâneas: tecnologias, imaginários e regimes éticos. *Revista Brasileira de Educação*, Rio de Janeiro, v. 15, n. 45, p. 445-455, 2010.

GIROUX, Henry. *Atos impuros*: a prática política dos estudos culturais. Porto Alegre: Artmed, 2003.

GRINBERG, Silvia. Dispositivos pedagógicos, gubernamentalidad y pobreza urbana en tiempos gerenciales: un estudio en la cotidianeidad de las escuelas. *Propuesta Educativa*, n. 43, v. 1, p. 123-130, 2015.

_____. Educación y gubernamentalidad en las sociedades de gerenciamento. *Revista Argentina de Sociología*, Buenos Aires, v. 4, n. 6, p. 67-87, 2006.

HAMILTON, David. O revivescimento da aprendizagem. *Educação e Sociedade*, n. 78, p. 187-198, 2002.

HAN, Byung-Chul. *La sociedad del cansancio*. Barcelona: Herder, 2012.

_____. *Psicopolítica*: neoliberalismo y nuevas técnicas de poder. Barcelona: Herder, 2014.

HARDT, Michael; NEGRI, Antonio. *Declaração*: isto não é um manifesto. São Paulo: N-1 Edições, 2014.

HEREDIA, Mariana. *Cuando los economistas alcanzaron el poder (o cómo se gestó la confianza en los expertos)*. Buenos Aires: Siglo Veintiuno, 2015.

IAS. *Competências socioemocionais*: material para discussão. Rio de Janeiro: Instituto Ayrton Senna, 2012b.

_____. *Solução educacional para o Ensino Médio*. Rio de Janeiro: Instituto Ayrton Senna, 2012a.

ILLOUZ, Eva. *Intimidades congeladas*: las emociones en el capitalismo. Buenos Aires: Herder Editorial, 2007.

KERSTENETZKY, Célia. Desigualdade e Pobreza: lições de Sen. *Revista Brasileira de Ciências Sociais*, São Paulo, v. 15, n. 42, p. 113-122, 2000.

KRAWCZYK, Nora. Ensino Médio: empresários dão as cartas na escola pública. *Educação e Sociedade*, Campinas, v. 35, n. 126, p. 21-41, 2014.

_____. Reflexão sobre alguns desafios do Ensino Médio no Brasil hoje. *Cadernos de Pesquisa*, 41(144): 752-769, 2011.

LAVAL, Christian. *La escuela no es una empresa*. Barcelona: Paidós, 2004.

_____. Governar pela crise democrática [entrevista]. *Revista Cult*, n. 219, ano 19, p. 22-28, 2016.

LAZZARATO, Maurizio. *As revoluções do capitalismo*. Rio de Janeiro: Civilização Brasileira, 2006.

_____. Trabalho e capital na produção de conhecimentos: uma leitura através da obra de Gabriel Tarde. In: COCCO, G.; GALVÃO, A.; SILVA, G. (Orgs.). *Capitalismo cognitivo*: trabalho, redes e inovação. Rio de Janeiro, DP&A, p. 61-82, 2003.

LENOIR, Yves. O utilitarismo de assalto às ciências da educação. *Educar em Revista*, Curitiba, n. 61, s./v., p. 159-167, 2016.

LIMA, Licínio. A educação faz tudo? Crítica ao pedagogismo na sociedade de aprendizagem. *Revista Lusófona de Educação*, n. 15, p. 41-54, 2010.

_____. *Aprender para ganhar, conhecer para competir*: sobre a subordinação da educação na "sociedade da aprendizagem". São Paulo: Cortez, 127 p. 2012.

LIPOVETSKY, Gilles. *Metamorfoses da cultura liberal*: ética, mídia e empresa. Porto Alegre: Sulina, 2004.

_____; SERROY, Jean. *A estetização do mundo:* viver na era do capitalismo artista. São Paulo: Companhia das Letras, 2015.

LOPES, Alice Casimiro; MACEDO, Elizabeth. (Coords.). *Currículo da Educação Básica (1996-2002)*. Brasília: INEP, 2006.

_____; _____. *Teorias do currículo*. São Paulo: Cortez, 2011.

LÓPEZ-RUIZ, Osvaldo. A técnica como capital e o capital humano genético. *Novos Estudos*, 80: 127-139. 2008.

_____. O consumo como investimento: a teoria do capital humano e o capital humano como ethos. *Mediações*, Londrina, v. 14, n.2, p. 217-230, 2009.

LUNDGREN, Ulf. Pisa como instrumento político: la historia detrás de la creación del programa PISA. La reforma educativa como estrategia gubernamental. *Profesorado — revista de currículum y formación del profesorado*, v. 17, n. 2, p. 15-29, 2013.

_____. *Teoría del curriculum y escolarización*. 2. ed. Madrid: Morata, 1997.

LYOTARD, Jean-François. *A condição pós-moderna*. 12. ed., Rio de Janeiro: José Olympio, 131p. 2009.

MANIFESTO. *Manifesto dos Pioneiros da Educação Nova (1932) e dos Educadores (1959)*. Recife: Fundação Joaquim Nabuco/Editora Massangana, 2010.

MARÍN-DÍAZ, Dora. La clave es el individuo: prácticas de sí y aprendizaje permanente. *Educação Unisinos*, v. 19, n. 2, p. 168-174, 2015.

MOEHLECKE, Sabrina. O Ensino Médio e as novas diretrizes curriculares nacionais: entre recorrências e novas inquietações. *Revista Brasileira de Educação*, 17(49): 39-58, 2012.

MOREIRA, Antonio Flávio. Lendo Stella: um mote para pensar o fundamental na escola de ensino fundamental. *Revista da FAEEBA — Educação e Contemporaneidade*, Salvador, v. 19, n. 34, p. 193-205, 2010.

_____. Os princípios norteadores de políticas e decisões curriculares. *Revista Brasileira de Política e Administração Educacional*, Porto Alegre, ANPAE, v. 28, n. 1, p. 180-194, 2012.

_____. Por que ter medo dos conteúdos? PEREIRA, Maria; MOURA, Arlete (Orgs.). *Políticas e práticas curriculares:* impasses, tendências e perspectivas. João Pessoa: Idéia: 2005, p.11-42.

_____; CANDAU, Vera. *Indagações sobre currículo:* currículo, conhecimento e cultura. Brasília: MEC/SEB, 2008.

MOULIER-BOUTANG, Yann. O território e as políticas de controle do trabalho no capitalismo cognitivo. In: COCCO, Giuseppe; GALVÃO, Alexander; SILVA, Gerardo (Orgs.). *Capitalismo cognitivo:* trabalho, redes e inovação. Rio de Janeiro: DP&A, 2003, p. 33-60.

MULLER, Johann. Revisitando o progressivismo: *Ethos*, política, *Pathos*. In: GARCIA, Regina; MOREIRA, Antonio Flávio (Orgs.). *Currículo na contemporaneidade:* incertezas e desafios. São Paulo: Cortez, 2003, p. 293-318.

MULLER, Maykon *et al.* Implementação do método de ensino Peer Instruction com o auxílio dos computadores do projeto UCA em aulas de Física do Ensino Médio. *Caderno Brasileiro de Ensino de Física,* Florianópolis, UFSC, v. 29, n. especial, p. 491-524, 2012.

NOGUERA-RAMÍREZ, Carlos. *Pedagogia e governamentalidade ou Da Modernidade como uma sociedade educativa.* Belo Horizonte: Autêntica, 2011.

_____; PARRA, Gustavo. Pedagogización de la sociedad y crisis de la educación: elementos para una crítica de la(s) crítica(s). *Pedagogía y Saberes,* n. 43, p. 69-78, 2015.

NUNES, Clarice. Anísio Teixeira: a luta pela escola primária pública no país. In: SMOLKA, Ana Luiza; MENEZES, Maria (Orgs.). *Anísio Teixeira (1900-2000):* provocações em educação. Campinas: Autores Associados, 2000, p. 107-128.

OLIVEIRA, Wenderson Alves de. *Práticas instrucionais de aprendizagem ativa em Física para o Ensino Médio.* Dissertação de Mestrado (Ensino de Ciências Naturais). Universidade Federal do Mato Grosso, Cuiabá/MT, 2014, 62p.

PACHECO, José Augusto. *Educação, formação e conhecimento.* Porto: Porto Editora, 2014.

_____. *Políticas curriculares:* referenciais para análise. Porto Alegre: Artmed, 2003.

_____. Uma perspectiva actual sobre a investigação em Estudos Curriculares. *Perspectiva,* Florianópolis, v. 24, n. 1, p. 247-272, 2006.

_____; PEREIRA, Nancy. Estudos curriculares: das teorias aos projectos de escola. *Educação em Revista,* Belo Horizonte, v. 45, s./n., p. 197-221, 2007.

PINAR, William. *Estudos curriculares:* ensaios selecionados. São Paulo: Cortez, 2016.

PONGRATZ, Ludwig. La reforma educativa como estrategia gubernamental. *Profesorado — revista de currículum y formación del profesorado,* v. 17, n. 2, p. 141-152, 2013.

POPKEWITZ, Thomas. *El cosmopolitismo y la era de la reforma escolar.* Madrid: Morata, 2009.

_____. Social epistemology, the reason of "Reason" and the Curriculum Studies. *Archivos Analíticos de Políticas Educativas,* v. 22, n. 2, p. 1-17, 2014.

ROUVROY, Antoinette; BERNS, Thomas. Governamentalidade algorítmica e perspectivas de emancipação: o díspar como condição de individuação pela relação?. *Revista Eco-Pós,* v. 18, n. 2, p. 36-56, 2015.

RUIZ, Antônio; RAMOS, Mozart; HINGEL, Murílio. *Escassez de professores no Ensino Médio*: propostas estruturais e emergenciais. Brasília: CNE, 2007.

SAFATLE, Vladimir. *Cinismo e falência da crítica*. São Paulo: Boitempo, 2008.

_____. *O circuito dos afetos*: corpos políticos, desamparo e o fim do indivíduo. 2. ed. Belo Horizonte: Autêntica, 2016.

SANDRONI, Paulo. *Novíssimo Dicionário de Economia*. São Paulo: Best Seller, 1999.

SARAIVA, Karla; VEIGA-NETO, Alfredo. Modernidade Líquida, capitalismo cognitivo e educação contemporânea. *Educação e Realidade*, v. 34, n. 2, p. 187-201, 2009.

SCHUMPETER, Joseph. *Joseph Alois Schumpeter* — Os Economistas. São Paulo: Nova Cultural, 1997.

SCOTT, David. Pisa, comparaciones internacionales, paradojas epistémicas. La reforma educativa como estrategia gubernamental. *Profesorado — revista de currículum y formación del profesorado*, v. 17, n. 2, p. 65-76, 2013.

SENNA, Viviane. Prefácio à edição brasileira. In: TOUGH, Paul. *Como as crianças aprendem*: o papel da garra, da curiosidade e da personalidade no desenvolvimento infantil. Rio de Janeiro: Intrínseca, p. 9-11, 2017.

SENNETT, Richard. *A cultura do novo capitalismo*. Rio de Janeiro: Record, 2006.

SERPA, Luiz Felipe. Anísio Teixeira: o missionário moderno. In: MONARCHA, Carlos (Org.). *Anísio Teixeira:* a obra de uma vida. Rio de Janeiro: DP&A, p. 73-88, 2001.

SIBILIA, Paula. *Redes ou paredes*: a escola em tempos de dispersão. Rio de Janeiro: Contraponto, 2012.

SILVA, Tomaz Tadeu da. *Documentos de identidade:* uma introdução às teorias do currículo. 2. ed. Belo Horizonte: Autêntica, 2007.

SILVA, Roberto Rafael Dias da. *A constituição da docência no Ensino Médio no Brasil contemporâneo*: uma analítica de governo. São Leopoldo: UNISINOS, 2011. Tese (Doutorado em Educação), Universidade do Vale do Rio dos Sinos, 2011.

_____. Comunidades como espaços de intervenção pedagógica: um estudo da docência no Ensino Médio. *Revista Brasileira de Educação*, Rio de Janeiro, v. 19, n. 59, p. 945-966, 2014b.

SILVA, Roberto Rafael Dias da. Currículo, conhecimento e transmissão cultural: contribuições para uma teorização pedagógica contemporânea. *Cadernos de Pesquisa*, v. 46, n. 159, p. 158-182, 2016.

_____. Empreendedorismo e gestão dos talentos na constituição dos universitários contemporâneos. *Linhas Críticas*, 17(34): 545-560. 2011.

_____. Formação tecnocientífica nas políticas educacionais para o Ensino Médio: uma perspectiva curricular. *Linhas Críticas*, 21(45): 383-403, 2015a.

_____. Investir, inovar e empreender: uma nova gramática curricular para o Ensino Médio brasileiro. *Currículo sem Fronteiras*, v. 16, n. 2, p. 178-196, 2016.

_____. O ensino médio no Brasil contemporâneo: problematizações investigativas ao campo do currículo. In: NICOLAY, Deniz; CORÁ, Élsio; VOLTOLINI, Caroline (Orgs.). *Educação básica e práticas pedagógicas*: licenciaturas em debate. Passo Fundo, Ed. UPF, p. 37-54. 2012.

_____. Políticas contemporâneas de constituição do conhecimento escolar: entre a perícia e a meritocracia. In: _____; SILVA, Rodrigo; BENINCÁ, Dirceu (Orgs.). *Educação, cultura e reconhecimento*: desafios às políticas contemporâneas. São Paulo: Salta, p. 95-113, 2015b.

_____. Políticas curriculares para o Ensino Médio no Rio Grande do Sul e a constituição de uma docência inovadora. *Educação Unisinos,* São Leopoldo, Unisinos, v. 19, n. 1, p. 68-76, 2015a.

_____. Políticas de ampliação da jornada escolar para o Ensino Médio no Rio Grande do Sul: um estudo sobre o conhecimento escolar. *Ensaio,* Rio de Janeiro: Cesgranrio, v. 23, n. 89, p. 869-900, 2015b.

_____. Políticas de constituição do conhecimento escolar para o Ensino Médio no Rio Grande do Sul: uma analítica de currículo. *Educação em Revista*, v. 30, n. 1, p. 127-156, 2014.

_____. Políticas de escolarização e governamentalidade nas tramas do capitalismo cognitivo: um diagnóstico preliminar. *Educação e Pesquisa*, v. 39, p. 689-703, 2013.

_____. *Universitários S/A:* estudantes universitários nas tramas de Vestibular/ ZH. 2008. 166f. Dissertação (Mestrado em Educação) — Universidade do Vale do Rio dos Sinos, São Leopoldo.

_____; FABRIS, Elí Henn. Docências inovadoras: a inovação como atitude pedagógica permanente no ensino médio. *Educação PUCRS*, 36(2): 250-261, 2013.

SILVA, Roberto Rafael Dias da; FABRIS, Elí Henn. O jogo produtivo da educabilidade/governamentalidade na constituição de sujeitos universitários. *Revista Brasileira de Educação*, Rio de Janeiro, v. 15, n. 44, p. 352-363, 2010.

_____; PEREIRA, Anna. Políticas de constituição do conhecimento escolar na pesquisa educacional brasileira. *Cadernos de Pesquisa*, São Paulo, v. 43, n. 150, p. 884-905, 2013.

SIMONS, Marteen; MASSCHELEIN, Jan. 'Se nos hace creer que se trata de nuestra liberdad': notas sobre a ironía del dispositivo de aprendizaje. *Pedagogía y Saberes*, n. 38, p. 93-102, 2013.

_____; _____. Sociedade da aprendizagem e governamentalidade: uma introdução. *Currículo sem Fronteiras*, v. 11, n. 1, p. 121-136, 2011.

_____; _____. The Leaning Society and Governmentality: an introduction. *Educational Philosophy and Theory*, Auckland, v. 39, n. 4, p. 417-430, 2006.

SOUSA, Juliana *et al.* Análise da utilização da metodologia de avaliação Team-Based Learning (TBL) para alunos de estágio em farmácia comunitária. *Revista de Biotecnologia & Ciência*, Goiânia, UEG, v. 4, n. 1, 2015.

SOUZA, Rosa. *História da organização do trabalho escolar e do currículo no século XX*. São Paulo: Cortez, 2008.

STENHOUSE, Laurence. *La investigación como base de la enseñanza*. 3. ed. Madrid: Morata, 1996.

TEIXEIRA, Anísio. *Educação não é privilégio*. 4. ed. São Paulo: Companhia Editora Nacional, 1977.

_____. *Pequena introdução à filosofia da educação*: a escola progressiva ou a transformação da escola. 7. ed. São Paulo: Companhia Editora Nacional, 1975.

TELLO, Cesar; MAINARDES, Jefferson. A educação secundária na América Latina como um direito democrático e universal. *Educação e Filosofia*, Uberlândia, v. 28, n. especial, p. 155-179, 2014.

TIRAMONTI, Guillermina. Dimensiones en la discussión de la problemática de la escuela média. In: FANFANI, Emílio (Org.). *La escolarización de los adolescentes*: desafios culturales, pedagógicos y de política educativa. Buenos Aires: IIPE/ Unesco, 2012, p. 163-190.

_____. La escuela en la encrucijada del cambio epocal. *Educação e Sociedade*, Campinas, v. 26, n. 92, p. 889-910, 2005.

TOUGH, Paul. *Como as crianças aprendem*: o papel da garra, da curiosidade e da personalidade no desenvolvimento infantil. Rio de Janeiro: Intrínseca, 2017.

UNESCO. *BRICS: construir a educação para o futuro*. Brasília: Unesco, 2014.

_____. *Protótipos curriculares de Ensino Médio e Ensino Médio Integrado*. Brasília: UNESCO, 2011.

_____. *Reforma da educação secundária:* rumo à convergência entre a aquisição de conhecimento e o desenvolvimento de habilidade. Brasília: UNESCO, 2008.

VARELA, Julia. Categorias espaço-temporais e socialização escolar: do individualismo ao narcisismo. In: COSTA, Marisa (Org.). *Educação básica na virada do século*. 1. ed. São Paulo: Cortez, 1996, p. 73-106.

VEIGA-NETO, Alfredo. Crise da Modernidade e inovações curriculares: da disciplina para o controle. In: XIV Encontro Nacional de Didática e Prática de Ensino. *Anais?*, Porto Alegre: EDIPUCRS, 2008, p. 1-15.

_____. De geometrias, currículo e diferenças. *Educação e Sociedade*, n. 79, p. 163-186, 2002.

_____. Delírios avaliatórios: o currículo desvia para a direita ou um farol para o currículo. In: FAVACHO, André; PACHECO, José Augusto; SALES, Shirlei (Orgs.). *Currículo: conhecimento e avaliação* — divergências e tensões. Curitiba: Editora CRV, p. 155-175, 2013.

VERCELLONE, Carlo. Lavoro, distribuzione del reddito e valore nel capitalismo cognitivo: una prospettiva storica e teorica. *Sociologia del lavoro*, 115, p. 31-54, 2009.

_____; NEGRI, Antonio. Il rapporto capitale/lavoro nel capitalismo cognitivo. *Posse: política, filosofia, moltitudini,* novembro, 2007. Disponível em: www.posseweb. net/spip.php?article17. Acesso em: 24 set. 2009.

YOUNG, Michael. A superação da crise em estudos curriculares: uma abordagem baseada no conhecimento. In: FAVACHO, M.; PACHECO, J.; SALES, S. (Orgs.). *Currículo, conhecimento e avaliação — divergências e tensões*. Curitiba: CRV, 2013.

_____. O futuro da educação em uma sociedade do conhecimento: a defesa radical de um currículo disciplinar. *Cadernos de Educação*, Pelotas, v. 38, s./n., p. 395-416, 2011.

_____. Para que servem as escolas?. *Educação e Sociedade*, Campinas, v. 28, n. 101, p. 1287-1302, 2007.

LEIA TAMBÉM

APRENDER PARA GANHAR, CONHECER PARA COMPETIR

sobre a subordinação da educação na "sociedade da aprendizagem"

Coleção QUESTÕES DA NOSSA ÉPOCA – Vol. 41

Licínio C. Lima

1ª edição (2012)
128 páginas
ISBN 978-85-249-1862-9

A apologia da "aprendizagem ao longo da vida" surge em documentos de agências internacionais, da União Europeia e de diversos governos. A partir do lema "aprender para ganhar", insiste-se na adaptação funcional de cada indivíduo aos imperativos da economia, empregabilidade, flexibilidade e competitividade, no quadro da "sociedade da aprendizagem" e da "economia do conhecimento". Políticas educacionais de índole pedagogista, que partem da crença de que a educação pode tudo, têm contribuído, contraditoriamente, para subordinar a educação à competitividade e à aquisição de habilidades economicamente valorizáveis, segundo padrões restritos de utilidade.

GRÁFICA PAYM
Tel. [11] 4392-3344
paym@graficapaym.com.br